北京市学前教育志稿

北京教育志编纂委员会办公室　编

图书在版编目（CIP）数据

北京市学前教育志稿 / 北京教育志编纂委员会办公室编. -- 北京：方志出版社，2019.6

ISBN 978-7-5144-3773-7

Ⅰ. ①北… Ⅱ. ①北… Ⅲ. ①学前教育—教育史—北京 Ⅳ. ① G619.29

中国版本图书馆 CIP 数据核字（2019）第 138813 号

北京市学前教育志稿

编　　者：北京教育志编纂委员会办公室
责任编辑：齐　笑

出 版 者：方志出版社
地址　北京市朝阳区潘家园东里 9 号（国家方志馆 4 层）
邮编　100021
网址　http://www.fzph.org
发　　行：方志出版社图书经销中心
电话　（010）67110500
经　　销：各地新华书店
印　　刷：北京中科印刷有限公司

开　　本：710 × 1000　　1/16
印　　张：10.5
字　　数：190 千字
版　　次：2019 年 6 月第 1 版　　2019 年 6 月第 1 次印刷
印　　数：0001 ~ 1000 册

ISBN 978-7-5144-3773-7　　**定价**：60.00 元

主　编

王永刚

序

1991年至2010年，适逢中国改革开放大潮，伴随社会经济快速发展及人民群众日益增长的文化和教育需求，北京教育进入了历史上最快的发展时期。

二十年里，北京教育在党和政府的领导下，以办好人民满意的首都教育为指针，锐意改革，加大投入，不断加强学校建设和师资队伍建设，深入开展素质教育，各级各类教育协调发展，继在全国率先普及九年义务教育后，又逐步普及高中阶段教育，并迈入了高等教育普及化阶段。提出教育现代化的目标，探索义务教育均衡发展，建设高水平的一流大学，创建学习型社会，努力为人民群众提供公平、优质的教育。

二十年中，北京教育的发展以改革创新为动力，先后进行了教育领导管理体制改革、办学管理体制改革、学校内部管理体制改革、招生及保障体制改革。同时积极开展教育评价创新、学业评价创新、教育督导工作创新。在教育教学中，尤其课程改革、教材建设、教学方法等方面不断探索新路。同时，合作开放办学迈上新台阶，国际合作、省际合作和与港澳台合作不断加强，奥林匹克教育也取得了突出成绩。在教育信息化方面的深入推进促进首都教育现代化建设。

二十年来，北京教育为首都建设和国家社会主义现代化建设做出巨大的贡献。各级各类教育培养了社会需要的人才；学习型城市建设提高了首都居民的文化素质，丰富了人们的精神需求；高校和教育科研机构在自然科学、哲学和社会科学、教育科学研究上硕果累累；在校企合作、校地合作、科研成果转化、志愿者服务、奥运和国家庆典等社会服务方面成绩显著；在支援边疆教育方面，北京与内蒙古、西藏、新疆、青海等省市自治区携手并进。

当前，北京教育面临着为北京坚持“四个中心”的城市战略定位，建设国际一流的和谐宜居之都提供人力资源支撑的艰巨任务。

《北京教育志丛书（1991—2010）》是1995年出版的《北京教育志丛书》的续篇，系统记载1991年至2010年间北京教育的历史与现状，传播首都教育工作者光辉的业绩，为广大教育工作者、为教育科学研究，提供珍贵的资料。我们希望《北京教育志丛书（1991—2010）》的出版，能够激发首都教育工作者的社会责任感，为北京教育谱写更加灿烂的篇章。

《北京教育志丛书（1991—2010）》编委会

凡　例

一、《北京市学前教育志稿》是第二轮《北京教育志·学前教育篇》的资料长编，是北京教育志丛书之一。为保持资料的完整性，故以“志稿”形式单独出版存世。

二、本志稿以马克思列宁主义、毛泽东思想、邓小平理论、“三个代表”重要思想、科学发展观、习近平新时代中国特色社会主义思想为指导，坚持辩证唯物主义和历史唯物主义的立场、观点和方法，力图完整、全面、客观地记述北京行政区划内学前教育发展变化过程和基本脉络。

三、本志稿按章、节、目编排设计。记述上限为 1991 年 1 月 1 日，下限至 2010 年 12 月 31 日。为保证史实完整性，对个别事业的发端进行必要的追溯。

四、本志稿对机构名称做简化处理，比如“北京市人民政府文教办公室”简称“市政府文教办”，“北京市教育局”简称“市教育局”，“北京市教育委员会”简称“市教委”等。

五、本志稿正文以述、记、图、表、录为基本体裁。书前设凡例、书后设后记。

目 录

概 述

1991年至2010年，随着国家经济体制改革和社会结构转型，北京市以企业办园改革为重点进行办园体制改革和布局调整，幼儿园数量逐年减少，由1991年的3761所减至2010年的1245所（公办性质幼儿园800所、民办幼儿园445所），构建了以公办性质幼儿园为主体、公办与民办相结合、布局合理的学前教育服务体系。在园幼儿人数先减后增：1992年人数最多，为404779人；2003年人数最少，为199390人；此后逐年增加，至2010年达276994人；入园率稳步增长，1991年入园率84.5%，2010年增至90.6%，基本普及学前三年教育。同时，针对北京市非户籍新生儿逐年增加造成新一轮“入园难”问题，从2009年开始通过内部挖潜、班级扩容、新建幼儿园、送教下乡、农村乡镇中心园开设分园、分类补助和以奖代补的方式缓解入园压力，至2010年新增学位2.2万个、新建幼儿园25所，初步缓解入园紧张状况。

1991年，北京市有各类幼儿园3761所，在园幼儿40.27万人（包括学前班4.98万人）。全市幼儿入园率84.5%，其中，城镇地区幼儿入园率98.7%、农村地区幼儿入园率68.9%。全市形成城镇以市立幼儿园为示范，机关、厂矿、部队、街道幼儿园为主体；农村以乡中心幼儿园为骨干，村办幼儿园为主体，城乡部分小学附设学前班为辅助的格局。北京市以贯彻落实国家教委颁发的《幼儿园管理条例》和《幼儿园工作规程（试行）》为中心，加强示范性幼儿园建设，促进幼儿园和教职工更新教育观念，端正办园思想，深化幼教改革，重视知识传授、忽视“体德美”全面发展的现象有所扭转。

1992年，北京市有各类幼儿园3510所，在园幼儿40.47万人（包括学前班6.05万人）。全市3岁及以上幼儿入园率82.2%，其中，城镇地区幼儿入园率93.4%、农村地区幼儿入园率69.7%。北京市对贯彻执行《幼儿园管理条例》和《幼儿园工作规程（试行）》进行检查，各类型幼儿园逐步转变重上课、轻游戏的做法，注重保教结合，克服重教轻保的倾向，学前班基本做到不使用小学一年级教材，克服“小学化”倾向。

1993 年，北京市有各类幼儿园 3369 所，在园幼儿 37.23 万人（包括学前班 6.65 万人）。全市 3 岁及以上幼儿入园率 84.3%，其中，城镇地区幼儿入园率 96.9%、农村地区幼儿入园率 71.7%。幼儿教育落实“完成双重任务，坚持教、养并重，保、教结合，全面提高幼儿素质”的总要求，通过总结推广北京市第五幼儿园贯彻《幼儿园工作规程（试行）》经验，加强示范园建设，培养青年骨干教师，提高办园水平。

1994 年，北京市有各类幼儿园 3301 所，在园幼儿 35.2 万人（包括学前班 6.1 万人）。城镇地区幼儿入园率 97%、农村地区幼儿入园率 70.7%。各区县教育局建立了市、区县和幼儿园三级骨干教师队伍，其中，市级骨干教师 65 人，区县级骨干教师 305 人。对全市近 5000 名保育员进行考工定级，评定高级工 192 人、中级工 3796 人、初级工 856 人。

1995 年，北京市有各类幼儿园 3024 所，在园幼儿 31.53 万人（包括学前班 5.39 万人）。国家教委等 7 部委联合印发《关于企业办幼儿园的若干意见》，鼓励企业幼儿园向社会开放，积极稳妥地推进学前教育逐步走上社会化。

1996 年，北京市有各类幼儿园 3099 所，在园幼儿 27.4 万人，全市 3 岁及以上儿童入园率 76.7%，其中，城镇地区入园率 95.4%、农村地区入园率 60.9%。《北京市幼儿园、托儿所办园、所条件标准（试行）》颁发，从办园（所）条件、工作人员配备等 5 个方面，对北京地区各类幼儿园、托儿所做出规定。市政府印发《北京市儿童工作“九五”发展规划》，包括儿童教育、儿童科技、体育、未成年人权益保护等多方面内容。

1997 年，北京市有各类幼儿园 2892 所，另有 872 所小学附设学前班，在园(班）幼儿共计 25.3 万人。全市 3 ~ 6 周岁儿童总计 27.5 万人；入园 21.9 万人，入园率 79.6%。北京市颁发《北京市学前教育机构登记注册试行办法》，登记的 2525 所托儿所、幼儿园中，符合《北京市幼儿园、托儿所办园、所条件标准（试行）》的 897 所。出台北京市托幼园所新收费标准，将保育费标准与园所质量挂钩，调动托幼园所改善办园条件、提高保教质量的积极性。远郊区县农村地区学前教育获得长足发展：区县和乡镇政府都设有学前教育管理机构，在教育行政部门中设有幼教科或专职幼教干部；区县已将学前教育工作列入政府的工作议事日程，纳入本地区经济和社会发展总体规划，定期进行研究，各乡镇还实行副乡长联系中心园制度；市政府教育行政部门利用政策导向加强对农村学前教育工作的宏观管理，开展乡中心园的达标检查，促使乡中心园的各项工作逐步规范，带动村办园所的发展。

1998 年，全市共有各类幼儿园 2662 所，840 所小学附设学前班，在园（班）幼儿共计 24.5 万人，全市 3 ~ 6 周岁儿童入园率 88.08%。学前教育系统出现多元化办园新局面，主要包括园长承办制、与境外合作办园、集团化办园、国有民办制和民办五种新体制。北京市制定《北京市学前教育事业“九五”发展目标实施意见》，提出到 2000 年全市 3 岁及以上幼儿入园率达到 90%，城镇地区幼儿园均达到《北京市幼儿园、托儿所办园、所条件标准（试行）》中规定的基本标准。首次推出一级一类幼儿园挂牌服务，市学前教育领导小组办公室召开北京市一级一类幼儿园命名大会，向全市 84 所一级一类幼儿园颁发标志。实施《幼儿园教育纲要（试行）》，把幼儿园教育内容划分为健康、社会、语言、科学、艺术 5 个领域。

1999 年，北京市共有各类幼儿园 2180 所，另有 749 所小学附设学前班，在园（班）幼儿共计 23.71 万人。全市 3 ~ 6 周岁儿童总计 25.86 万人，入园儿童 20.89 万人，入园率 80.8%。北京市提出“办园主体多元化、办园形式多样化、机构管理规范化，逐步建立起以社区为依托、正规与非正规教育并举、结构布局合理的学前教育体系”的总体思路，推进幼儿园办园体制改革。各区县重点进行学前教育结构布局调整工作，城镇地区针对“入好园难、寄宿难、3 岁以下入托难”问题，鼓励有条件的幼儿园利用现有资源开办寄宿班，降低收托年龄，3 岁以上儿童入托率 90.8%，3 岁以下儿童入托率 21.6%，寄宿幼儿近 2 万人；农村地区针对学龄前儿童数量逐年减少、部分乡镇中心幼儿园设施闲置问题，加强幼儿园布局调整，或撤并规模较小的村办园、集中力量办好乡中心幼儿园，或将乡中心幼园划归小学中心校代管、学前教育与小学教育资源相互融通，或小学附设幼儿园或学前班，使学前儿童受教育率稳步提高。同时，利用新建小区配套托幼设施，积极发展民办园或与境外机构合作办园，当年开办 9 所民办幼儿园。颁布《北京市示范幼儿园标准》，开展争创北京市示范幼儿园工作。

2000 年，北京市共有各类幼儿园 2047 所，另有 810 所小学附设学前班，在园（班）幼儿 22.9 万人。全市 3 ~ 6 周岁儿童 24.68 万人，入园儿童 19.99 万人，入园率 81%。全市幼儿园共有保教职工 27257 人。14446 名园长和教师中，师范院校本专科毕业生 2725 人，中等师范幼教专业毕业生 9337 人，学历合格率 83.5%。北京市继续推进学前教育结构布局调整，基本普及山区儿童学前一年教育。落实国务院《社会力量办学条例》，全市首批获得办学许可证学前教育机构共 220 所。

2001 年，北京市共有各种类型幼儿园 1719 所，其中，教育部门和集体办园 1099 所、其他部门办园 400 所、社会力量办园 220 所。幼儿园数量较上年减少

328所，其中，城市幼儿园减少56所、县镇幼儿园减少86所、农村幼儿园减少186所。全市共有在园幼儿217521人，幼儿教育职工26106人，其中，园长1692人、教师12479人、保健员1193人、其他人员10742人。6月22日，北京市人大常委会第27次会议通过《北京市学前教育条例》，于9月1日起正式施行，标志着北京市学前教育进入法制化、规范化发展新阶段。年内，评选挂牌首批10所北京市示范幼儿园。

2002年，北京市共有各类幼儿园1540所，小学附设学前班1159个，在园（班）幼儿214283人，3～6周岁幼儿入园率82.3%，其中，城镇地区入园率90%、农村地区入园率73.4%；农村幼儿学前一年入园率95%。全市共有幼教职工25402人，其中，专任教师13686人。市教委印发《居住区配套学前教育设施办学招标试行意见》，亦庄经济技术开发区管委会辖区内大地幼儿园和美格双语幼儿园开园。市政府将“在城近郊区建立20个社区早期教育示范基地”列入市政府为群众办实事工作之一，拨专款200万元，为8个城近郊区20所项目园配备适合3岁前儿童活动的专用教室、运动器械和玩教具，并组织培训指导；6月，20个社区早期教育示范基地建成向社会开放。11月，北京市制定《关于开展0～3岁儿童早期教育的指导意见》，提出在“十五”期间以社区为依托，建起面向0～3岁婴幼儿的教育和服务网络，重点建设100个社区早期教育活动基地。年内，北京市开展“社区早期教育示范基地”命名工作，公布首批20个基地名单。

2003年，北京市共有各类幼儿园1430所，小学附设学前班962个，在园（班）幼儿199390人，3～6周岁儿童入园率85.7%，其中，城镇地区入园率92.4%、农村地区77.8%；农村儿童学前一年入园率95%。全市幼儿园共有保教职工26324人，其中，专任教师14625。4月初，北京发生“非典”疫情，市教委与卫生局密切配合，开展幼儿园防控“非典”工作，要求全市幼儿园停止集体活动以及接待参观等任务，印发《幼儿园预防控制非典型肺炎的要求》，每周一次了解各区县托幼园所防控“非典”工作落实情况。5月中旬，市教委印发《关于幼儿园逐步恢复收托服务的意见》，指导并规范全市幼儿园做好防控“非典”工作，恢复收托服务。据统计，在全市各类学校中，幼儿园儿童发病人数最少。9月，市教委结合全市幼儿教育发展实际，组织专家编写并印发《幼儿园教育指导纲要（试行）实施细则》。

2004年，北京市有各类幼儿园1422所，小学附设学前班885个，在园（班）幼儿205532人。全市在园幼儿183502人，入园率87.9%，其中，城镇地区入园率93.6%、农村地区入园率81.4%；农村儿童学前一年入园率96%。全市幼儿园共有保教职工 28326 人，其中，专任教师 14208 人。北京市开展残障幼儿随班就读试点工作，要求各区县选定 1 ~ 2 所办园条件较好、师资力量较强的市立幼儿园或示范园承担随班就读试点任务，每班特殊幼儿最多不超过 2 名，并在东城区分司厅幼儿园等 7 所幼儿园开展智障儿童早期干预试点工作。

2005 年，北京市有各类幼儿园 1358 所，总班数为 8148 个（包括小学附设学前班 846 个），在园（班）幼儿 202301 人。全市户籍学龄前儿童 36.5 万人，其中，3 岁及以上儿童 206969 人，在园幼儿 181909 人，入园率 87.9%，其中，城镇地区入园率为 95.2%、农村地区入园率为 80.0%；农村儿童学前一年入园率 96.1%。全市幼儿园共有保教职工 28026 人，其中，专任教师 14813 人。市教委命名首批 4 所北京市学前儿童特殊教育示范基地,启动市级示范幼儿园与农村乡镇中心园"手拉手"活动。

2006 年，北京市有各类幼儿园 1361 所，总班数 8051 个（包括小学附设学前班 630 个），在园（班）幼儿 197546 人。全市户籍学龄前儿童 36.46 万人，其中，3 岁及以上儿童 188377 人，在园幼儿 170653 人，入园率 90.6%，其中，城镇地区入园率为 96.7%、农村地区入园率为 83.9%；农村儿童学前一年入园率 99.7%。全市幼儿园共有保教职工 28958 人，其中，专任教师 15632 人。市教委调研农村学前教育情况,起草《关于加强北京农村学前教育》(征求意见稿)。新修订的《北京市贯彻〈幼儿园教育指导纲要（试行）〉实施细则》在全市各级幼儿园实施。

2007 年，北京市户籍学龄前儿童总数 35.57 万人，有各类幼儿园 1306 所，教学班 8132 个（包括小学附设学前班 372 个）；在园（班）幼儿 214423 人。全市 3 岁及以上学前儿童 179790 人,入园 183983 人,入园率 102.3%(含非本市户籍儿童),其中，城区入园率 108.7%、农村地区入园率 94.8%；远郊区县儿童学前一年入园率 101.1%。全市幼儿园共有保教职工 30447 人,其中,专任教师 17013 人。市教委、市学前儿童保教工作者协会在北京幼儿师范学校体育馆举办首届"北京市幼儿园自制玩教具评展活动"，294 件作品参加展评，评选出特等奖作品 12 件、一等奖作品 53 件、二等奖作品 98 件、三等奖作品 131 件,并推选出 25 件作品参加全国展评。

2008 年，北京市有各类幼儿园（所）1266 所，教学班 8382 个（包括小学附设学前班 303 个）；北京市户籍学龄前儿童总数 37.45 万人，在园（班）入托幼儿 226681 人，包括收托外籍幼儿 1712 人、外省市幼儿 55363 人，分别占全市入托幼儿总数的 0.8% 和 24.4%。全市户籍学前儿童入园 171318 人，占学前儿童总数的 45.8%，其中，3 岁以上儿童入园 141558 人，占 3 岁以上儿童的 89.4%（其中，城区 86.6%、郊区 93%）；3 岁以下儿童入园 29785 人，占 3 岁以下儿童的 13.8%;农村儿童学前一年入园率 94.6%。全市幼儿园共有保教职工 32535 人,其中,专任教师 18176 人。市教委在幼儿园中启动“阳光体育活动”；颁布新修订的《北京市民办幼儿园年度考核评价标准及细则》，包括依法办园、财务管理、行政管理与办园条件、教育教学管理和卫生保健五个部分；分值由 60 分调到 100 分，进一步强化园所自我管理、调控和监督职能。

2009 年，北京市有各类幼儿园（所）1253 所，教学班 9036 个（包括小学附设学前班 217 个）。北京市户籍学龄前儿童 41.04 万人，在园（班）幼儿 247778 人。入园幼儿中，北京市户籍幼儿 185803 人、外籍幼儿 1664 人、外省市户籍幼儿 60311 人。全市户籍学龄前儿童入园人数比上学年度增加 14485 人，占学龄前儿童总数的 45.3%。其中，3 岁及以上儿童入园 153470 人，占 3 岁及以上儿童的 90.3%，包括城区 83.7%、郊区 99.8%；3 岁以下儿童入园 32333 人，占 3 岁以下儿童的 13.5%，城区和郊区分别为 15.5% 和 9.7%；郊区儿童学前一年入园率 94.7%。全市幼儿园共有保教职工 35009 人，其中，专任教师 19752 人。针对非户籍新生儿逐年增加，造成新一轮“入园难”问题，北京市加大投入，探索促进首都学前教育现代化又好又快发展的方式：一是在幼儿园内部挖掘潜力，压缩行政办公用房，扩大办园规模，每增加 1 个班，拨款 10 万元；二是班均面积较大的幼儿园适当扩大班容量，大、中、小班在原有定额基础上可增加 5 人以内；三是新建 10 所幼儿园；四是举办半日制班。北京市投入 3000 万元扩班 300 个，增加 1 万个学位。同时促进学前教育均衡化发展，加强农村学前教育和学前特殊教育发展，在着重为 70 所乡镇中心园改善办园条件的基础上，大面积提高农村幼儿园园长的管理水平和教师的教育教学能力。

2010 年，北京市继续采取措施缓解入园紧张状况。市教委会同市发改委调研各区县人口状况、入园缺口情况，决定新建 118 所幼儿园，至年底有 15 所新建园通过政府投资项目立项审批。同时，各区县政府采取送教下乡、农村乡镇中心园开设分园、调整教育资源结构布局、分类补助和以奖代补的方式缓解入园压力。至年底，北京市有各类幼儿园（所）1245 所，教学班 9883 个（包括小学附设学前班 171 个）；市级社区早期教育示范基地 316 个；学前儿童特殊教育示范基地 37 个；一级标准以上优质幼儿园 465 所，其中，市级示范园 89 所。北京市户籍学龄前儿童总数 443094 人，全市在园（班）幼儿 276994 人，其中，北京市户籍学龄前儿童 207342 人、外地户籍 69652 人。3 岁及以上入园儿童 174527 人，占 3 岁及以上学龄前儿童总数的 90.6%（其中，城区 85.9%、郊区 98.3%）；3 岁以下入园儿童 32815 人，占 3 岁以下儿童总数的 14%。全市幼儿园共有保教职工 37227 人，其中，园长 1710 人、专任教师 21677 人。

第一章　园所管理

新中国成立至2010年，北京市先后建立托幼工作领导小组、学前教育领导小组、学前教育联席会议制度，加强全市学前教育统一领导工作，先后设立市教育局幼教处、市政府文教办托幼处、市教委学前教育处等机构领导全市幼儿园业务工作，区县政府也成立相应机构，原由妇联、工会、卫生局领导的托幼机构逐渐划归教育部门管理，构建了地方政府负责，市、区县教委两级管理体制，形成较为完善的学前教育管理网络。

1991年至2010年，随着国家各项改革的日益深入和出生人口的减少，北京市改变以企事业单位办园为主的学前教育格局，不断深化办园体制改革，在公办园中开展“民办公助”办园体制改革，幼儿园数量呈减少趋势，从1991年的3761所降至2010年的1245所，逐渐形成教育部门办园、集体办园、民办园、其他部门办园四种体制幼儿园，构建了以政府办园为示范和骨干、以社会力量办园为主体、公办与民办相结合、布局合理的学前教育服务体系。

学前教育不是义务教育，其经费由政府拨款、举办者投入、幼儿家长缴费、社会捐助和自筹等多种渠道解决。20年中，学前教育投入不断增长，教育经费总量从1998年的1.85亿元增长到2010年的28.54亿元，财政性教育经费从0.8亿元发展到12亿元，增长14倍多。

第一节　管理体制

1991年，北京市学前教育领导管理实行地方负责、分级管理和各有关部门分工负责体制。市政府文教办托幼处协调管理全市学前教育工作。市教育局负责对全市幼儿园以及所有的托幼混合的园所进行业务领导。市卫生局负责拟订有关幼儿园卫生保健方面的法规和规章制度，对幼儿园卫生保健业务工作进行指导。市计委负责将幼儿教育事业发展和建设等列入各级计划。市财政局会同有关部门研究制定有关幼儿教育事业经费开支的制度和规定。市劳动局和市人事局会同有关部门研究制定幼儿园工作人员的有关编制、工资、劳动保护、福利待遇等方面的制度和规定。区县政府文教办（托幼工作部门）负责本区县学前教育宏观管理，根据本地区社会经济发展状况，制定幼儿园发展规划，统筹协调园所发展中的实际问题。区县教育局负责本区县学前教育业务指导，监督检查、评估指导幼儿园保育教育工作，组织培训师资，审定、考核乡（镇）幼教干部、园长、教师资格；负责本区域幼儿园登记注册工作,负责市立幼儿园和小学附设学前班的行政管理。区县卫生局负责对本区县幼儿园卫生保健工作进行监督、检查和指导。

农村地区中心幼儿园一般由一个乡（镇）、几个村或乡（镇）、村联合兴建，是自办的集体性质的教育事业单位。农村地区中心幼儿园在市、区（县）业务指导下，乡镇负主要管理责任。乡（镇）政府负责解决中心幼儿园的房屋建筑、设备购置，确定办园经费，解决教师工资待遇，任免教职工。农村幼儿园的举办、停办，由所在乡（镇）政府登记注册，并报县教育局备案。机关、厂矿、部队、个人举办园所的行政领导，包括政治思想教育、人事、经费和物资供应等工作，由举办者负责。

年内，市教育局转发国家教委《关于改进和加强学前班管理的意见》，提出学前班即小学附设幼儿班，但不是小学教育的组成部分，各区县根据实际需求举办，招收学龄前儿童。在行政上，城镇地区由小学及区县教育局小教科管理，农村学前班管理由各区县根据实际出发，由教育局决定；在业务上都归区县教育局幼教科统一管理。学前班经费由各主办者负责筹措。

1995 年 12 月市教委成立后，市托幼工作领导小组改组为市学前教育领导小组。市教委设立学前教育处统筹管理全市学前教育，主要职责包括：贯彻有关学前教育工作的方针、政策，拟订学前教育发展规划、有关行政法规、制度和制定推进改革的措施；承担北京市学前教育工作领导小组办公室的日常工作，负责协调并牵头研究学前教育工作中的重大问题。负责北京地区各级各类园所的登记注册和配合有关处室进行社会办园的审批工作；负责对托儿所、幼儿园的保教业务指导，建立并逐步完善视导和评估制度；建立园长、教师考核和资格审查制度，配合有关处室组织园长、教师的培训工作；指导学前教育的教研和科研工作，并协助推广研究成果。各区县教委成立后，设立学前教育科，统筹管理区县学前教育工作。

1997 年，市教委就学前教育机构登记注册作出规定。凡属全市行政辖区内的人民政府、企事业单位、机关、部队、团体、街道、乡镇、居委会、村委会和公民个人等举办的招收学龄前儿童，对其实施保育和教育的幼儿园（学前班）、托儿所等各类型学前教育机构（短训班除外），均需登记注册。市教委是全市行政辖区内学前教育机构登记注册的主管机关，区、县教育委员会（文教办、教育局）负责本行政辖区内学前教育机构登记注册的具体工作。登记注册后，按北京市机构编制委员会的有关规定领取“北京市事业单位法人证书”或“北京市事业单位非法人证书”。同年，市教委制定《北京市学前班管理办法（试行）》，明确小学附设学前班管理办法。市教委主管全市的学前班工作。各区、县教育行政部门主管本区域内的学前班管理工作（农村地区建立县、乡两级管理体制），幼教科和小教科设专职或兼职干部负责学前班工作。幼教科负责学前班的审批和注册登记，督导评估学前班工作，制订学前班教师培训计划并组织实施。小教科主要负责学前班的行政管理，会同幼教科做好督导、评估和教师培训等项工作。2006年，北京市开始取消小学附设学前班。

2001 年 6 月，《北京市学前教育条例》明确发展学前教育事业是政府、社会、家庭、学前教育机构的共同责任，再次就分级管理、分工负责作出明确规定：市教育行政部门主管全市行政区域内的学前教育工作，对学前教育进行统筹规划和管理。区、县教育行政部门负责本辖区内学前教育的管理工作，并对各类学前教育机构进行监督指导。市和区、县政府其他有关部门在各自的职责范围内，负责有关学前教育的工作。

2003 年，市政府调整议事协调机构和临时机构设置，撤销北京市学前教育工作领导小组，工作由市教委承担。北京市加强对全市学前教育的宏观管理，建立学前教育联席会议制度，由市政府授权市教委作为召集单位，研究学前教育规划及发展中的重点和难点问题。各区县都成立学前教育领导小组，由主管区县长任组长，教育卫生、财政、物价等相关部门领导组成。

2009 年 8 月，市委办公厅、市政府办公厅印发《中共北京市委教育工作委员会 北京市教育委员会主要职责、内设机构和人员编制规定》，调整学前教育处职责：负责贯彻落实国家及全市有关学前教育的政策、法规和规章；负责全市各类学前教育机构的宏观管理；拟订全市学前教育发展规划，并组织实施；拟订全市幼儿园建设标准并检查落实；指导全市幼儿园课程建设工作。

至 2010 年，北京市学前教育保持地方政府负责，市、区县教委两级管理体制。同时，一些远郊区县的乡镇政府和部分城区街道办事处也加强对学前教育工作的领导，选派专人负责本地区学前教育工作，他们直接面向各村或社区组织开展学前教育工作，为促进本地区学前教育事业发挥重要作用。市教委等 17 个相关委、办、局起草并制定《关于加快推进学前教育发展的意见》,加强对学前教育的指导。

第二节　园所设置

一、园所体制

1991 年，北京市有各类幼儿园 3761 所，其中，教育部门办园 155 所、其他部门办园 1085 所、集体办园 2521 所。

1994 年，164 所教育部门办园中市立幼儿园 145 所，其中，东城区 18 所、西城区 12 所、崇文区 9 所、宣武区 18 所、朝阳区 26 所、海淀区 12 所、丰台区 16 所、石景山区 7 所、门头沟区 3 所、昌平县 1 所、大兴县 3 所、房山区 3 所、通县 3 所、顺义县 4 所、怀柔县 2 所、密云县 2 所、平谷县 3 所、延庆县 3 所（见表 1–1）。

表 1–1　　1994 年北京市市立幼儿园（145 所）一览表

区县	幼儿园
东城区 18 所	北京市第一幼儿园、北京市第二幼儿园、北京市第三幼儿园、北京市第七幼儿园、东华门幼儿园、东单三条幼儿园、王府大街幼儿园、大方家幼儿园、苏州幼儿园、回民幼儿园、东四五条幼儿园、雍和宫幼儿园、东棉幼儿园、府学幼儿园、分司厅幼儿园、华丰幼儿园、十字坡幼儿园、新中街幼儿园
西城区 12 所	北海幼儿园、棉花胡同幼儿园、北京市第六幼儿园、鲍家街幼儿园、曙光幼儿园、华新幼儿园、府前街幼儿园、后海幼儿园、西四北七条幼儿园、回民幼儿园、洁民幼儿园、育红幼儿园
崇文区 9 所	北京市第五幼儿园、崇文区第二幼儿园、崇文区第三幼儿园、光明幼儿园、安乐幼儿园、永东幼儿园、东柳树井幼儿园、回民幼儿园、实验幼儿园
宣武区 18 所	实验幼儿园、和平门幼儿园、永光西街幼儿园、永光东街幼儿园、槐柏幼儿园、长椿街幼儿园、马连道幼儿园、三义里第一幼儿园、三义里第二幼儿园、北京市第四幼儿园、三教寺幼儿园、回民幼儿园、烂熳幼儿园、米市胡同幼儿园、虎坊路幼儿园、大川路幼儿园、西便门幼儿园、老墙根幼儿园
朝阳区 26 所	三里屯幼儿园、和平街幼儿园、安贞里第一幼儿园、安贞里第二幼儿园、西坝河第一幼儿园、群星幼儿园、西坝河第三幼儿园、新源里幼儿园、新源里第二幼儿园、新源西里幼儿园、团结湖第一幼儿园、团结湖第二幼儿园、培华实验幼儿园、光华路幼儿园、劲松第一幼儿园、劲松第二幼儿园、垡头幼儿园、安华里第一幼儿园、安华里第二幼儿园、华威幼儿园、胜古庄幼儿园、惠新里幼儿园、秀园幼儿园、花家地幼儿园、松榆里幼儿园、枣营幼儿园
海淀区 12 所	六一幼儿园、立新幼儿园、塔院幼儿园、知春里幼儿园、双榆树东幼儿园、双榆树南幼儿园、万寿寺幼儿园、志强幼儿园、万泉河幼儿园、定慧西里幼儿园、五孔桥幼儿园、金沟河幼儿园
丰台区 16 所	丰台第一幼儿园、丰台第二幼儿园、丰台第三幼儿园、蒲黄榆第一幼儿园、蒲黄榆第二幼儿园、五爱屯幼儿园、东罗园幼儿园、西罗园幼儿园、芳古园幼儿园、丰台实验幼儿园、方庄第二幼儿园、方庄第四幼儿园、群英幼儿园、育英幼儿园、丰台第四幼儿园、青塔幼儿园
石景山区 7 所	石景山第一幼儿园、石景山第二幼儿园、石景山第三幼儿园、八角幼儿园、八角北路幼儿园、石景山实验幼儿园、石景山师范附属幼儿园
门头沟区 3 所	城子幼儿园、东辛房幼儿园、门头区幼儿园
昌平县 1 所	昌平教工幼儿园
大兴县 3 所	黄村第一幼儿园、黄村第二幼儿园、黄村第三幼儿园

续表 1-1

区县	幼儿园
房山区 3 所	房山幼儿园、良乡幼儿园、燕山幼儿园
通县 3 所	通县幼儿园、东里幼儿园、民族幼儿园
顺义县 4 所	顺义第三幼儿园、顺义第五幼儿园、建新幼儿园、义宾幼儿园
怀柔县 2 所	怀柔第一幼儿园、怀柔第二幼儿园
密云县 2 所	密云第一幼儿园、密云第二幼儿园
平谷县 3 所	平谷第一幼儿园、平谷第二幼儿园、平谷第三幼儿园
延庆县 3 所	延庆县幼儿园、南菜园幼儿园、新城幼儿园

1995 年 7 月 19 日，国家教委等 7 部委联合印发《关于企业办幼儿园的若干意见》，提出有条件的企业应继续办好幼儿园，改革现行幼儿园收费制度，鼓励企业幼儿园向社会开放，逐步改变幼儿园经费由企业全部包揽的做法，提高企业办园的效益；深化改革，积极稳妥地推进学前教育逐步走向社会化，具备独立办园条件和具备分离幼儿园条件的企业，本着平稳过渡的原则，可在政府统筹下，将所办的幼儿园交给当地教育行政部门规划，以多种形式继续办好，或由社区办，或由具备条件的团体、个人承办。但由于资金短缺、优惠政策少等原因，一些企业办园相继停办、变卖。

1996 年 4 月，各区县按照市教委《关于加强学前班管理工作的意见》，对辖区内学前班进行调整，凡幼儿园已能满足群众需求的地区，一般不再举办学前班。

1997 年，北京城近郊区积极探索新的办园体制。一些区县引进港台地区资金，发展合作办园：崇文区幼教研究中心与台湾大地幼稚集团合办北京大地实验幼儿园；北京幼儿艺术教育基金会与香港北京幼儿教育事业发展有限公司合办北京岭南幼儿园。一些区县进行全民所有制幼儿园体制改革试点工作，丰台区教委在丰台第一幼儿园和丰台实验幼儿园进行以扩大幼儿园园长办园自主权为主要内容的办园体制改革，取得较好的经验。

年内，全市 344 所企业自办园所，收托幼儿 4.1 万名，园所数量和收托量均多于市立幼儿园。为适应现代企业改革的形势，市属厂矿企业自办托幼园所积极探索自我生存、自我发展的新途径，76% 的园所与主办企业分离，由企业提供基本办园条件，实行园长承办，面向社会，自主经营，独立核算；13% 的园所实行集团化管理，综合利用学前教育资源，进行结构调整，优化资源配置，提高园所效益。但由于企业经济效益较差的影响，北京厂矿企业自办托幼园所出现办园经费不足、教师队伍流失、园所管理水平较低等问题，一些企事业单位撤销学前教育机构、出租园舍、削减经费、裁减保教职工的现象比较严重。针对上述问题，市教委提出“加大宏观政策导向力度，促进企业幼儿园自身改革，加强业务指导，提高保教质量，增强园所活力，稳定办园规模”的方针，要求各企业单位必须认真贯彻国家教委等部委下发的《关于企业办幼儿园的若干意见》和《全国幼儿教育事业“九五”发展目标实施意见》文件精神，保证企业托幼园所改革稳步发展。同时建议结合北京市实际情况，尽快制定《北京市企业办好托幼园所的意见》，依法管理企业办园。对于确实办得好、教育质量较高，又具有实际困难的企业园所，要制定相应的倾斜政策，在财政允许的情况下，给予一定的经费投入。为保证教育资源不流失，对企业确实无能力承办、房舍条件符合的，可采取国有民营、合作举办或股份制的方式，探索新的办园体制。对于国有民营的幼儿园，应该坚持“谁投资谁受益”的原则，引入先进的管理机制，在不以营利为目的的前提下，做到自收自支、自主办园，稳定办园规模，改善办园条件。

1998 年 3 月 19 日，《北京市学前教育事业“九五”发展目标实施意见》公布，提出深化办园体制改革，探索适应社会主义市场经济的办园体制和发展机制，逐步推进学前教育社会化进程。各区县教育行政部门办好示范园和市立园，使其成为当地学前教育事业发展和教育改革的龙头和骨干。抓好体制改革试点，总结成功的典型和经验，逐步向面上推广。重点推进企、事业单位自办园体制改革，鼓励有条件的单位继续办好幼儿园，可采取“承办制”“联办制”等办法，鼓励单位自办园向社会开放，逐步减轻主办单位的经费负担，提高办园的质量和效益，使幼儿园形成自我生存、自我发展的良性运行机制。对于部分具备分离幼儿园条件的企、事业单位，本着平稳过渡的原则，可由所在区县学前教育工作领导小组统筹规划，将所办幼儿园交由教育部门或社区来办，也可由具备条件的团体、个人承办。积极开展社区学前教育试点工作。区县政府在规划和完善社区服务功能时，将学前教育机构明确纳入规划之中，并制定相应的扶持政策和管理办法。可利用旧城改造、小区配套托幼设施或现有托幼设施，进行试点工作。以社区为依托，开展多种形式的学前教育，如全日制、寄宿制、半日制、假日托儿班、临时托儿班，以及为散居儿童开放的游戏小组、亲子乐园等，以满足不同家庭背景的学前儿童受教育的需要。按照“积极鼓励、大力支持、正确引导、加强管理”的方针，加强对民办园的管理。对中外合作办园按原国家教委有关规定进行管理。

年内，全市幼儿园主要有以下 5 种体制：（1）园长承办制，70% 以上厂矿企业自办园采用该种体制；（2）企业集团化办园，首钢、燕化、公交等大型企业集团采取该种集中管理模式，减轻原主办单位负担，促使单位自办园向社会化方向转轨；（3）与境外和港台地区合作办园；（4）国有民办制，在部分市立幼儿园试行，区县教育行政部门不再拨付日常办园经费，通过扩大办园自主权，借助民办园优惠政策，使其自主办园；（5）民办园，由企业或公民个人自筹资金，租用园舍开办，该类园所共20余所。

1999年，市教委提出“办园主体多元化、办园形式多样化、机构管理规范化，逐步建立起以社区为依托、正规与非正规教育并举、结构布局合理的学前教育体系”的总体思路，推进幼儿园办园体制改革，利用企事业单位后勤社会化改革之机，促成企事业单位自办园向社会化方向转轨；同时，利用新建小区配套托幼设施，积极发展民办园或与境外机构合作办园。至年底，市、区教育行政部门共批准开办9所民办园。

2000年，为配合高校后勤社会化改革，保证城市幼儿园体制改革的顺利进行，市教委印发《关于高校幼儿园办园体制改革的意见》和《关于幼儿园办园体制改革试点工作的意见》两个文件，对办园体制改革的目的、意义，改革试点的内容和方法，需要履行的审批手续及要求等，均做出明确规定。高校幼儿园办园体制改革的目的是改革投资体制，面向社会，自主办园，引入新型管理模式，以增强活力，提高效率；体制改革后的幼儿园做到“四独立”：独立法人单位和专职法人代表、独立场地和园舍、独立核算的财务管理制度和账户、独立办园。幼儿园体制改革采取“积极鼓励，大力支持，正确引导，加强管理”的方针，试点幼儿园实行总量控制，首先在高校幼儿园及一级一类和一级二类幼儿园中进行，逐步建立幼儿园自我约束、自我发展运行机制。至年底，11所幼儿园被批准为北京市办学体制改革试点幼儿园，试行“民办公助”制，改革投资体制和管理体制，试行新的用人机制和分配制度：北京市第五幼儿园分园、北京市第一幼儿园附属实验园、北京市蓝天北潞幼儿园、北京邮电大学幼儿教育中心、北京市邮政管理局海慧寺幼儿园、北京市邮政管理局里仁街幼儿园、北京市邮政管理局鸿雁幼儿园、北京市邮政管理局金雁幼儿园、北内幼儿园、北汽摩联合制造公司春宇幼儿园、北汽摩联合制造公司新世纪幼儿园。

2001年，《北京市学前教育条例》颁布，提出积极发展以社区为依托，多种形式，面向全体学龄前儿童的学前教育，举办学前教育机构以社会力量办学为主体，发挥政府举办的学前教育机构在提高教育质量方面的示范和引导作用。市教委加快企事业单位幼儿园社会化进程，重点指导企事业单位自办园进行体制改革试点，一些幼儿园与原主办单位脱离隶属关系，成为独立的事业法人单位，面向社会自主办园，使其中一些濒临倒闭的企业幼儿园重新焕发生机，共有84所幼儿园取得办理体制改革证书。5月23日，市教委召开办园体制改革研讨会，海淀区学前办、北邮幼儿教育中心和朝阳区九龙幼儿园发言交流幼儿园改革中的新情况、新问题。会议指出：幼儿园是教育性、公益性组织，各部门、各单位不能把幼儿园推向市场，但幼儿园应主动适应市场经济发展规律，根据社会需要调整办园机制。6月12日，市教委发出《关于规范幼儿园办园体制改革工作有关事项的通知》，要求幼儿园学习领会市教委文件精神，积极推进改革试点，已获批准试行体制改革的幼儿园，要加强监督和指导；在改革过程中未能做好平稳过渡、引起家长不满的幼儿园，应暂停改革工作。9月1日，朝阳区北京内燃机总厂幼儿园由企业办园转为民办幼儿园，该园转制后隶属社区管理，更名为北京九龙幼儿园，社会投资400万元改建园所设施。

2002年4月28日，市教委印发《关于居住小区配套学前教育设施办学招标试行意见》，拟采用公开招投标的办法确定居住小区学前教育机构的举办者，规定北京市居住小区中配建的学前教育设施，除教育行政部门用于举办市立幼儿园（所）以外，均采用招投标的办法确立办学单位，由区县教育行政部门具体负责。7月，北京市亦庄经济技术开发区管委会对辖区内配套建设两所幼儿园进行举办者公开招标。9月，大地幼儿园和美格双语幼儿园开园。

市教委总结幼儿园办园体制改革试点工作经验和问题，于4月组织召开北京市幼儿园办园体制改革研讨会，指导31所幼儿园进行体制改革。至年底，全市共有128所幼儿园被批准为体制改革试点园，作为独立法人面向社会自主办园，试行人员自聘、经费自筹，按成本收费等运行机制。

2003年1月，教育部发布《关于幼儿教育改革与发展的指导意见》，提出今后5年（2003—2007年）幼儿教育改革的总目标是：形成以公办幼儿园为骨干和示范，以社会力量兴办幼儿园为主体，公办与民办、正规与非正规教育相结合的发展格局。市教委落实上述文件精神，重点做好企、事业单位办园体制改革的试点工作，进一步总结交流体制改革试点园的经验，以企、事业单位办园为主，扩大15所体制改革试点园。8月1日，通州区教委实施办园体制改革试点，首批试点幼儿园为通州区街道中心幼儿园，自9月1日起试点园实行民办公助、自收自支管理体制。通州区街道中心园包括后南仓、四员厅、西大街、吉祥和马家回民5所幼儿园，共有在园幼儿510人，教职工79人。

2004年4月26日，昌平区教委召开学前教育单位公开评选会。评审组由小区业主、物业代表及专家11人组成，从12家单位代表中评选出北京幸福童年教育中心和北京泛洋圣鑫科技发展有限公司分别承办龙腾苑六区16号楼、龙锦苑四区14号楼学前教育设施。

2008 年，市教委开展对非法幼儿园进行调研与治理工作。市教委召开非法园情况汇报交流会，各区县由区政府组织教育、公安、工商、卫生等相关部门共同参与联合检查，对辖区内非法园进行摸查。对查处非法园所认真分析，并对部分非法幼儿园进行取缔，对于出现在城乡接合部、外来人口众多无法立即取缔的大型非法园，对其卫生、安全等问题进行严格检查，朝阳等区还成立工作小组，负责对辖区内非法园进行管理和业务指导。

2010 年，北京市采取一系列举措，缓解入园紧张状况，投资 6000 万元用于 30 所幼儿园的改扩建，投资 3000 万元用于幼儿园挖潜扩班 300 个、学位 1.2 万个。市教委制定深入推进学前教育发展的一系列措施，包括组织制定“十二五”时期学前教育发展规划，加快落实新建 118 所公办幼儿园具体位置，逐项推进学前教育行动计划，启动学前教育职业学院建设工作等。各区县政府积极采取多种措施缓解入园压力。门头沟区采取大篷车送教下乡的方式解决偏远山区学前儿童教育；房山区加强农村乡镇中心园开设分园的建设力度，加快普及学前三年教育；大兴区根据南城开发新城建设，重新调整教育资源结构布局；海淀区制定出台《支持和奖励幼儿园建设与发展暂行办法》，在保住存量的基础上通过分类补助、以奖代补的方式支持各类型幼儿园发展。

至 2010 年年底，北京市基本形成以教育部门办园为基础，社会力量办学为主体，公办园与民办园共同发展的格局。全市各类幼儿园 1245 所，按照办园类别划分，包括 4 类幼儿园：（1）教育部门办园 347 所：各级教育行政部门、公办大中小学举办的幼儿园（附属幼儿园、学前班、幼儿班等）;（2）集体办园 234 所：街道办事处、居委会、农村乡镇、农村居委会利用集体所有的资产（包括校舍、师资、经费等），或辅以专项补贴举办的幼儿园（学前班、幼儿班等）；（3）民办园 445 所：经有关部门批准，由公民个人、非国有企业、社会团体及其他社会组织等利用非国家财政性教育经费举办的幼儿园（学前班、幼儿班等）；（4）其他部门办园 219 所：政府有关部门、国有企事业单位、军队、妇联、工会、共青团等群众团体，利用国有资产（包括房屋、土地、设备等），或国家财政性经费举办的幼儿园（学前班、幼儿班等）。基本形成以教育部门办园为基础，社会力量办学为主体，公办园与民办园共同发展的格局。

此外，随着城市流动人口的逐年增加，在城乡接合部外来人口居住比较集中的区域，出现了一批未经审核批准的、自发举办的幼教机构。它们占用的场地大小不一，入园的人数多少不等，遇有检查等活动暂时停办，过后重新出现，多时达近百所。

二、小学附设学前班

北京市小学附设学前班创办于20世纪80年代初，招收5～6岁幼儿，主要举办在农村地区，为解决社会上的“儿童入托难”问题起到了一定的积极作用。但是，由于全市学前班是小学自发产生，教育部门缺乏对其管理，学前班在举办的过程中存在管理体制不顺，学前班无管理制约机制；办班指导思想不明确，办班条件差，教育模式小学化；布局不合理，学前班与幼儿园争生源，造成教育资源的浪费等问题，逐渐萎缩，2006年4月4日，市教委发布《关于取消小学附设学前班的通知》，开始取消学前班。

1991年，全市699所小学创设学前班，在班幼儿49770人，占入园幼儿总数的12.4%。北京市教育局转发国家教委《关于改进和加强学前班管理的意见》，提出学前班即小学附设幼儿班，不是小学教育的组成部分，是农村发展学前教育的一种重要形式，是城市幼儿园数量不足的一种辅助形式，各区县根据实际需求举办，招收学龄前儿童，班额在40人以内。市教育局对全市学前班工作开展调查，提出加强管理工作意见，着重解决“小学化”倾向，要求举办学前班的小学不得以将来可入本校学习为由，在有幼儿园地区争招学龄前儿童，不得以未入本校学前班为由拒绝接收规定服务地区内学龄儿童。

1993年4月，市教育局在石景山区召开学前班管理现场会，石景山区教育局、老古城小学介绍经验。市教育局要求各区县切实加强学前班的领导，认真贯彻《关于改进和加强学前班管理的意见》，提高办班水平，研究教育内容和教育规律，做好幼小衔接工作。

1995年4月，市教育局召开全市学前班工作会议，交流经验。会后，各区县制定学前班管理办法，明确管理机构和职责，提出学前班保育和教育工作的基本要求。10月，市教育局对部分区县学前班工作情况进行检查。

1996年4月1日，市教委发布《关于加强学前班管理工作的意见》，要求各区县按照1991年国家教委《关于改进和加强学前班管理的意见》，对辖区内学前班进行一次调整，凡幼儿园已能满足群众需求的地区，一般不再举办学前班。同时颁布《北京市学前班工作评估标准（试行）》，当年对现有学前班普遍进行一次工作评估。该标准包括房舍场地、设备、师资、班额、组织领导、管理、卫生保健、环境创设与利用、师生关系、入学准备、活动组织及形式、家长与学前班联系等评估指标，同时附有《学前班儿童发展水平评估标准》（城市地区、农村地区），从体育、智育、德育、美育四方面规定儿童发展水平评估标准。年内，市教委学前处完成《北京市学前班管理现状》调研报告，结果显示整体上全市学前班基本达到《北京市学前班工作评估标准》的低限水平；学前班的收费标准是城镇地区每生每月 30 元，农村地区每生每月 20 元，某些偏远地区收费 5 ~ 15 元。

1997 年 3 月 11 日，市教委发布《北京市学前班管理办法（试行）》，从办班原则、学前班的领导和管理、举办学前班的条件和审批程序、学前班的评估与指导、学前班的收费及经费管理五方面规范学前班的管理，为区县教育行政部门科学地管理学前班工作提供依据。规定全市城镇地区原则上不得举办学前班；农村地区可根据本地实际，在幼儿园数量不足的情况下，可以举办学前班。10 月 28 日至 29 日和 11 月 4 日至 5 日，市教委检查丰台、房山、门头沟、海淀 4 个区县 8 所学校的学前班工作，听取区县学前班管理情况汇报，察看 8 所学校学前班组织的教育活动，了解新编学前班教材的使用情况。

2006 年 4 月 4 日，市教委发布《关于取消小学附设学前班的通知》，根据全市学前教育事业长足发展、学龄前儿童大幅度减少的实际情况，决定限期取消现有的小学附设学前班。城近郊八区（不含朝阳、海淀、丰台的农村地区）和远郊县城地区从 2006 年秋季开学起，全面停办小学附设学前班。个别因幼儿园布局缺位等原因尚无法取消的地区，在 2007 年秋季开学前取消。远郊区县和朝阳、海淀、丰台区的农村地区逐步减少小学附设学前班的数量，确保 2010 年前全市小学全部取消附设学前班。

2007 年至 2010 年，学前班数量逐年减少。在 2010 年年底，北京市小学附设学前班 167 个，招收幼儿 4731 人，在班幼儿 5072 人，离班幼儿 3410 人。此后，北京市取消学前班（详见表 1–2 和图 1–1）。

表 1–2　　1991 年至 2010 年北京市各级各类幼儿园（学前班）情况统计表

年份	园所数（所）					班数（个）	
	教育部部门办园	集体办园	民办园	其他部门办园	合计	合计	其中学前班
1991	155	2521	—	1085	3761	14714	1580
1992	151	2384	—	975	3510	14127	1795
1993	164	2296	—	909	3369	13300	1949
1994	164	—	—	—	3301	13010	1872
1995	166	—	—	—	3024	11576	1701
1996	499	—	—	—	3056	9802	1507
1997	501	—	—	—	2892	9337	1079
1998	549	—	—	—	2662	9109	1135
1999	166	—	—	—	2180	8708	1028
2000	166	—	—	—	2047	8636	1129
2001	1099		220	400	1719	8259	1393

续表 1-2

年份	园所数（所）					班数（个）	
	教育部部门办园	集体办园	民办园	其他部门办园	合计	合计	其中学前班
2002	963		227	350	1540	8494	1680
2003	899		218	313	1430	7733	1293
2004	829		302	291	1422	80879	1365
2005	769		333	256	1358	8148	1250
2006	341	394	350	276	1361	8051	1039
2007	339	368	343	256	1306	8132	839
2008	330	313	380	243	1266	8382	690
2009	330	283	409	231	1253	9036	540
2010	347	234	445	219	1245	9883	167

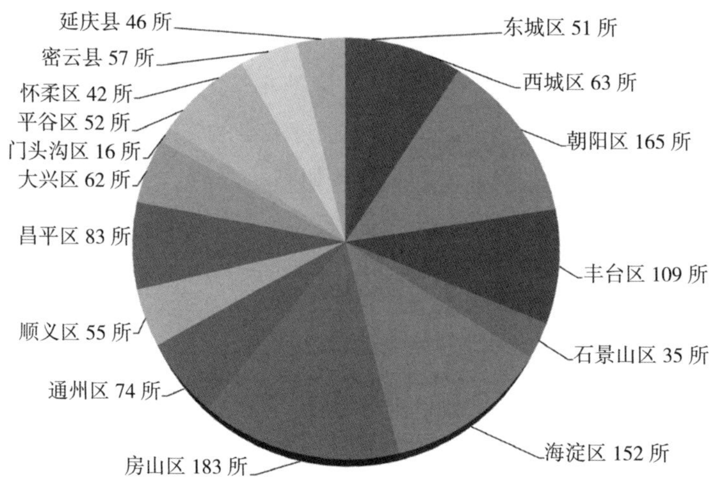

图 1-1　2010 年北京市各区县幼儿园设置情况图

第三节　教育投入

1998 年至 2010 年，北京市学前教育经费总收入快速增长，从 1998 年的 1.85 亿元增加到 2010 年的 28.54 亿元，增长 14 倍多，年均增速高达 29.44%（见表 1-3）。其中，1998 年 5 月 25 日，市学前教育工作领导小组发出《关于进一步规范托幼园所接受捐资助学资金管理的通知》，鼓励和支持企事业单位、社会团体和公民个人对托幼园所捐资助学。

表 1-3　　1998 年至 2010 年北京市学前教育经费总收入统计表

年份	总计（千元）	教育经费总收入本年比上年增长（%）
1998	184638	—

续表 1–3

年份	总计（千元）	教育经费总收入本年比上年增长（%）
1999	214695	16.28
2000	229680	6.98
2001	278765	21.37
2002	314661	12.88
2003	362365	15.16
2004	479335	32.28
2005	567676	18.43
2006	638063	12.40
2007	726325	13.83
2008	1002391	38.01
2009	1127250	12.46
2010	2854091	153.19

学前教育属于非义务教育，需要建立成本合理分担机制。1998 年至 2010 年，国家财政性教育经费占学前教育经费总收入的平均比例为 57.85%，事业收入为 31.66%，以政府投入为主。

2008 年，市教委投资 5500 万元完成 10 个郊区县 50 所乡镇中心园幼儿活动室和厨房改造，扩大幼儿活动空间，增添必备教学、游戏设施和现代化厨房设备，改善农村乡镇中心园办园条件。

2009 年 3 月，市教委投入 2305 万元促进北京市学前教育的内涵发展。其中，570 万元用于幼儿园五大领域融合教育、减少幼儿园隐性时间浪费、儿童意外伤害原因及对策、瑞吉欧教育思想中国化实验、促进幼儿语言发展策略等 13 个项目研究；40 万元用于幼儿园奥尔夫音乐教育、蒙台梭利教育以及提高区县教研员业务指导能力等方面的培训；1200 万元用于特殊儿童教育、社区 0 ~ 3 岁儿童早期教育、示范园和幼儿园信息化建设项目研究；100 万元用于幼儿教师基本功大赛、幼儿园开展阳光体育活动及 21 世纪北京园本教研探索与实验丛书编写等项目；340 万元用于“六一”儿童节慰问、玩具图书馆建设及幼儿园农村资源利用等；55 万元用于 11 个教师培养工作室活动。

2010 年，国家财政性教育经费占学前教育经费总收入的比例为 43.51%，比 1998 年下降了 3.79 个百分点；事业收入占学前教育经费总收入的比例为 46.34%，比 1998 年上升了 11.36 个百分点（见表 1–4）。

表 1–4　　1998 年至 2010 年北京市学前教育经费收入来源情况统计表　　单位：千元

年份	总计	国家财政性教育经费	社会团体和公民个人办学经费	社会捐、集资办学经费	事业收入	其他收入
1998	184638	87334	0	17260	64583	15461
1999	214695	104656	0	17214	77727	15098
2000	229680	123448	0	23555	76213	6464
2001	278765	150079	0	18252	97376	13058
2002	314661	170634	0	31551	108315	4161
2003	362365	207758	0	28982	119523	6102
2004	479335	286521	0	24755	152161	15898
2005	567676	341310	0	39993	170484	15889
2006	638063	410206	0	39397	177297	11163
2007	726325	474972	0	48404	197616	5333
2008	1002391	741056	0	49447	205631	6257
2009	1127250	787961	0	94219	239832	5238
2010	2854091	1241747。	33028	179222	1322516	77578

在学前教育经费支出方面，根据《幼儿园管理条例》，幼儿园经费按规定的使用范围合理开支，坚持专款专用，不得挪作他用。任何组织和个人举办幼儿园不得以营利为目的。举办者筹措的经费，应保证保育和教育的需要，有一定比例用于改善办园条件，并可提留一定比例的幼儿园基金。

第四节　安全卫生

幼儿园必须做好幼儿生理和心理卫生保健工作，制定合理的幼儿一日生活作息制度，建立幼儿健康检查制度和幼儿健康卡或档案，建立卫生消毒、病儿隔离制度，认真做好计划免疫和疾病防治工作。幼儿园应建立房屋、设备、消防、交通等安全防护和检查制度；建立食品、药物等管理制度和幼儿接送制度，防止发生各种意外事故。

1985 年，卫生部公布《托儿所、幼儿园卫生保健制度》，规定幼儿园的生活，婴幼儿饮食，体格锻炼，健康检查，卫生消毒、隔离、安全，卫生保健、登记及统计，家长联系等制度。

1994 年 12 月 1 日，卫生部、国家教委联合发布《托儿所、幼儿园卫生保健管理办法》，规定幼儿园设施设备必须符合相关标准，设立保健室、隔离室，配备保健人员，明确保健工作内容、儿童入园要求、工作人员健康要求等。

1997 年 9 月 21 日，市教委、市卫生局联合下发《关于防止在园儿童意外损伤事故的通知》，针对全市部分园所儿童意外损伤发生率较高的问题，要求各类园所把安全工作放在首位，从提高认识，重视园所安全工作；健全制度，严格管理；预防为主，加强检查监督等方面提出具体要求。

1998 年 6 月，市卫生局与市教委要求各有关部门领导高度重视托幼园所饮食卫生，严格管理。同时，市卫生局对全市托幼机构的食堂饮食卫生状况进行抽查，共检查各类型托幼园所 149 所，发现部分园所未按规定领取、更换“卫生许可证”；部分从业人员无健康证，未按规定进行年度体检；部分园所食堂卫生较差，无防蝇设施，食品容器生、熟不分；库房存放过期食品；餐具未做到餐餐消毒。

2001 年，市教委从驾驶人员和班车使用等方面加强幼儿园班车安全管理。6 月 7 日，市教委抽查寄宿制幼儿园安全工作，分两路抽查崇文、宣武、西城、海淀 4 个区部分寄宿制幼儿园夜间安全工作情况，实地查看消防器材和安全疏散通道、幼儿寝室环境，检查幼儿园夜间各岗位值班人员值班情况和明火管理、安全保卫及紧急避险等措施，均达到合格标准。

2002 年 9 月，市教委组织民办幼儿园安全工作检查，以幼儿园自查、区县普查、市教委抽查的方式进行，从制度建设、设施配套等方面，对 100 余所民办园安全工作进行检查，多数幼儿园能够依据市教委要求对园所安全工作进行自查自纠。针对检查中发现的问题，市教委举办民办幼儿园园长培训班，进行相关法律法规和幼儿园验收标准培训。

2003 年 4 月初，北京发生“非典”疫情，市教委与市卫生局密切配合，开展幼儿园防控“非典”工作，要求全市幼儿园停止集体活动以及接待参观等任务，印发《幼儿园预防控制非典型肺炎的要求》，每周一次了解各区县托幼园所防控“非典”工作落实情况。5 月中旬，市教委印发《关于幼儿园逐步恢复收托服务的意见》，恢复收托服务。8 月 15 日，市教委、市公安局等 4 部门发出《关于推广使用幼儿交通安全教材的通知》，各幼儿园从 9 月开始，将交通安全教育内容纳入日常教育、教学计划中，以《幼儿园教育指导纲要》精神为指导，以《幼儿交通安全教材》为基本内容，结合各年龄班的特点，采用多种形式，开展幼儿交通安全教育活动。8 月 25 日至 27 日，崇文、朝阳和密云 3 个区县接受卫生部、教育部联合检查组抽查 7 所不同类型幼儿园的卫生保健工作，联合检查组对抽查幼儿园的卫生保健工作给予肯定。9 月，市教委转发教育部《关于开展幼儿园安全大检查的紧急通知》，印发《关于开展新学期幼儿园安全工作检查的通知》，在全市范围内开展幼儿园安全工作大检查，各区县利用近一个月的时间，对 1400 余所各类幼儿园房屋、大型玩具、消防设施、幼儿食品采购渠道和食品操作等方面安全工作进行普查。市教委对丰台、东城等 6 个区的 7 所不同类型幼儿园安全工作进行抽查，并将抽查结果通报各区县。

2004 年 8 月 20 日，市教委转发教育部《关于进一步加强幼儿园安全工作的紧急通知》，要求各区县教委和园所主办方对幼儿园、学前班进行全面安全检查，完善相关规章制度，建立安全防范体系。市教委对全市 749 所幼儿园聘用的 8775 名临时工作人员进行排查，持有体检合格证 8739 人，对未进行体检的 36 人及时处理。各幼儿园主办部门纷纷投资为幼儿园安装安全监控设施，配备专职保安员加强安全保卫工作。9 月，市教委组织编写《幼儿园安全管理与教育》系列丛书，全套 4 本，出版发行。

2005 年 3 月 10 日，市教委和市公安局发布《北京市中小学和幼儿园安全技术防范工作技术要求的指导意见》，对幼儿园安全技术防范工作技术要求分成基本要求和一般要求两级。3 月 11 日，市教委办公室发布《关于加强幼儿园班车安全管理工作的紧急通知》，要求各区县教委摸底普查辖区内幼儿园班车数量、自购或租用方式、车况及司机资质，并要求用班车接送幼儿的幼儿园必须备案，健全班车管理制度，司机持证上岗。6 月 28 日，市教委召开“幼儿园安全工作报告会”，向与会的 400 名园长传达公安部、教育部关于学校安全工作的通知精神与要求。7 月至 10 月，市教委连续举办三期幼儿园安全工作培训，内容包括防火消防、交通安全、食品卫生、急救、安全保卫和相关法律知识，全市幼儿园园长、保健和保卫人员 1300 人参加学习，经考核有 1257 人获得“幼儿园安全工作培训”合格证书。

2006 年 6 月 30 日，针对 6 月 25 日通州区 2 名幼儿溺亡及 6 月 28 日通州区一民办幼儿园班车发生交通事故的紧急情况，市教委印发通知要求加强班车管理工作。8 月 4 日，市教委印发《关于加强幼儿园装修管理工作的通知》，要求幼儿园（所）做好日常室内通风换气工作，尤其是冬季要尽量利用幼儿室外活动时间打开门窗，保证室内空气新鲜、流通。同时，要定期对室内空气进行消毒。

2007 年 9 月 1 日，北京市实施市教委、市劳动和社会保障局印发的《关于实施全市学生儿童大病医疗保险制度的具体办法》，规定在托幼机构参保的人员于每年 7 月 1 日至 9 月 30 日持本人户口簿在托幼机构办理手续，按标准一次性缴纳大病医疗保险费。10 月 21 日，市教委、市公安局印发《关于继续做好中小学校和幼儿园安全技术防范工程建设工作的意见》，开展安全技术防范监控指挥中心建设工作，提出指挥中心建设的规范文件、场地建设、系统功能等要求。

2008 年 5 月，市教委配合市卫生部门做好幼儿园手足口病防疫工作，组织召开全市幼儿园园长和保健医生会议，部署手足口病防治工作要求，并对全市各类型幼儿园手足口病情况进行监控，实行手足口病疫情每周一报制度，直至新学期开始，幼儿园没有重大疫情发生。7 月 10 日，市教委等 5 部门发布《北京地区学校校舍抗震安全排查工作实施方案》，幼儿园在排查范围内，主要排查公共建筑设施、校舍建筑选址、在建工程。11 月，市教委、市卫生局等 4 部门开展学校食品卫生安全专项治理行动，检查食堂证照、从业人员健康体检情况、食品卫生安全管理制度、食品采购加工、供水情况等。

2009 年，市教委重点开展防控手足口病和甲型 H1N1 流感工作。4 月，市教委、市卫生局联合举办手足口病防控培训，各区县卫生局妇幼保健院负责人、各级各类幼儿园园长 1200 人参加学习。市教委与市妇幼保健院组成检查组，检查朝阳区、通州区、海淀区、昌平区、丰台区、大兴区 6 个区的 6 所幼儿园防控甲型 H1N1 流感工作，并通过电话访谈的形式，对接受检查的 6 所幼儿园进行追踪。11 月 19 日，市教委、市卫生局《关于进一步抓紧做好各级各类幼儿园甲型 H1N1 流感防控工作的通知》，要求严格坚持晨午检及因病缺勤登记制度；严格疫情报告制度，早发现、早报告、早控制；尽量少举办大型活动，预防聚集性疫情发生；加大宣传力度，强化防治知识；保持环境卫生，做好消毒工作。

2010 年 5 月 13 日，市教委《关于加强全市中小学幼儿园安全工作的意见》，提出落实安全工作责任制、加强校门安全管理、加强安全队伍建设、加大技防系统建设力度等措施。5 月 27 日，市教委、市卫生局《关于进一步加强中小学校幼儿园食品安全管理工作的意见》：幼儿园食堂参照中小学食堂建设标准执行：操作间面积不得小于 50 平方米，不得超量生产（50 平方米供餐 100 人，每增加 1 人面积增加 0.25 平方米），2012 年前全市中小学幼儿园食堂要达到 B 级及以上卫生标准。11 月 1 日，卫生部和教育部联合发布的《托儿所幼儿园卫生保健管理办法》开始实施（1994 年旧版办法同时废止），明确托幼机构应当贯彻保教结合、预防为主的方针，托幼机构卫生保健工作内容包括：（1）根据儿童不同年龄特点，建立科学、合理的一日生活制度，培养儿童良好的卫生习惯；（2）为儿童提供合理的营养膳食，科学制定食谱，保证膳食平衡；（3）制订与儿童生理特点相适应的体格锻炼计划，根据儿童年龄特点开展游戏及体育活动，并保证儿童户外活动时间，增进儿童身心健康；（4）建立健康检查制度，开展儿童定期健康检查工作，建立健康档案，坚持晨检及全日健康观察，做好常见病的预防，发现问题及时处理；（5）严格执行卫生消毒制度，做好室内外环境及个人卫生，加强饮食卫生管理，保证食品安全；（6）协助落实国家免疫规划，在儿童入托时应当查验其预防接种证，未按规定接种的儿童要告知其监护人，督促监护人带儿童到当地规定的接种单位补种；(7) 加强日常保育护理工作，对体弱儿进行专案管理，配合妇幼保健机构定期开展儿童眼、耳、口腔保健，开展儿童心理卫生保健；(8) 建立卫生安全管理制度，落实各项卫生安全防护工作，预防伤害事故的发生；(9) 制订健康教育计划，对儿童及其家长开展多种形式的健康教育活动；(10) 做好各项卫生保健工作信息的收集、汇总和报告工作。

第二章　园所建设

北京市制定《北京市托幼园所分级分类标准及细则（试行）》（1994年）、《北京市幼儿园、托儿所办园、所条件标准（试行）》（1996年）、《北京市示范幼儿园标准》（1999年）等文件，开展幼儿园级类验收、办园条件标准化建设、示范幼儿园建设、早期教育基地建设和学前儿童特殊教育基地建设等工作，促进城乡学前教育均衡发展，提高办园质量。至2010年，北京市一级幼儿园465所，包括一级一类幼儿园296所、示范幼儿园89所；市级社区早期教育示范基地幼儿园306所，市级学前儿童特殊教育基地幼儿园37所，北京市学前教育信息化示范基地22个。

第一节　办园标准

1992年，全市幼儿园的办园条件有较大改善，消除了危房，玩具品种、数量不断更新，图书符合幼儿年龄特点，各类幼儿园办园条件达到《北京市幼儿园办园条件标准》（征求意见稿）的有1186所，占幼儿园总数的31.5%，其中，城镇幼儿园995所，占城镇幼儿园总数的67.9%；农村幼儿园191所，占农村幼儿园总数的8.3%。1996年4月，市教委、市计划委员会等五部门联合印发《北京市幼儿园、托儿所办园、所条件标准（试行）》，把办园（所）条件分为基本、一般、较高三个标准层次，每个层次都分成工作人员配备、园舍规划面积定额、玩教具配备、保健室医疗卫生器械配备和办公家具配备5项标准。1997年，北京市颁发《北京市学前教育机构登记注册试行办法》，对全市行政辖区内的所有学前教育机构进行注册登记，2525处托儿所、幼儿园登记注册，其中，符合《北京市托儿所、幼儿园办园、所条件标准（试行）》的897处，占35.5%；达不到办园条件最低标准的1628处，占64.5%。2005年5月，市教委印发《关于核发公办幼儿园、托儿所登记证书的通知》，对符合《北京市幼儿园、托儿所办园、所条件标准（试行）》

并已经在各区县教委登记注册的公办幼儿园、托儿所，统一核发市教委制作的登记证书，全市共有 673 所幼儿园领取登记证书。至 2010 年一直执行该办园标准。

一、教职工配备标准

1988 年 9 月，市机构编制委员会办公室和市教育局联合发布《北京市幼儿园教职工编制标准（试行）》，同时规定编制标准外，每 100 名幼儿另设机动编制 1 人，由区县教育局掌握，统一调剂使用；幼儿园领导干部职数由幼儿园根据工作需要提出意见报区县教育局审定，其他教职工人员配备由幼儿园自行安排；计算编制的教职工包括从教育经费开支工资的正式教职工和临时工。

1996 年 4 月，《北京市幼儿园、托儿所办园、所条件标准（试行）》规定的幼儿园工作人员配备编制标准同 1988 年标准保持一致，同时规定幼儿园工作人员基本标准、一般标准和较高标准（见表 2–1）。

表 2–1　　1996 年北京市幼儿园教职工编制标准统计表　　单位：人

	教职工与幼儿比例	每班平均配备保教人员数	
		教师	保育员
寄宿制	1∶3.5 ~ 1∶4	2	2.5
全日制	1∶5.5 ~ 1∶6	2	1

说明：此表适用基本、一般、较高三个标准

幼儿园工作人员配备的基本、一般、较高三个标准中，医务人员标准一样，区别在于园长、教师和保育员学历要求不同。

园长“基本”标准学历要求是幼儿师范学校（包括职业学校幼儿教育专业）毕业程度，或取得幼儿园教师专业合格证书；“一般”标准学历要求是幼儿师范学校（包括职业学校幼儿教育专业）毕业程度；“较高”标准学历要求是学前教育专业大专毕业程度或幼儿师范学校（包括职业学校幼儿教育专业）毕业程度。

幼儿园教师有 85%（基本标准）/95% 以上（一般标准）具有幼儿师范学校（包括职业学校幼儿教育专业、职工幼儿师范学校）毕业程度，或取得幼儿园教师专业合格证书者；85%（基本标准）/95% 以上（一般标准）的教师业务水平胜任幼儿园教育工作，有一定数量业务水平较高的骨干教师（一般标准），其余教师基本胜任幼儿园教育工作（基本和一般标准）；“较高”标准幼儿园教师要求是：部分教师具有大学专科学历，其余教师具有幼儿师范学校（包括职业学校幼儿教育专业、职工幼儿师范学校）毕业程度，或取得幼儿园教师专业合格证书者，所有教师都能胜任幼儿园教育工作，水平较高的骨干教师占比 50% 以上。

幼儿园保育员应具有初中毕业程度，80%（基本标准）/90%（一般标准）/100%（较高标准）受过幼儿保育员培训。

医务人员基本标准、一般标准、较高标准的配备相同，医师应当具有医学院校毕业程度，医士和护士具有中等卫生学校毕业程度，或者取得卫生行政部门的资格认可。保健员应当具有高中毕业程度，并受过儿童保健知识培训，取得卫生行政主管部门的资格认可。日托儿童100名以下，全托儿童50名以下设专职或兼职保健人员1名；日托儿童100 ~ 150名，全托儿童50 ~ 100名设专职儿童保健医（护）师（士）1 ~ 2名;每增加100名儿童增设儿童保健医（护）师（士）1名。

二、园舍规划标准

1989年颁布的《幼儿园工作规程（试行）》规定幼儿园应设活动室、儿童厕所、盥洗室、保健室、办公用房和厨房。有条件的幼儿园可单独设音乐室、游戏室、体育活动室和家长接待室等。寄宿制幼儿园应设寝室、隔离室、浴室、洗衣间和教职工值班室等。幼儿园应有与其规模相适应的户外活动场地，配备必要的游戏和体育活动设施，并创造条件开辟沙地、动物饲养角和种植园地，应根据幼儿园特点，绿化、美化园地。

1996年《北京市幼儿园、托儿所办园、所条件标准（试行）》规定幼儿园园舍规划面积定额基本标准，将园舍建筑分成幼儿活动及辅助用房、办公及辅助用房、生活用房三类（见表2–2和表2–3）。

表2–2　　1996年北京市幼儿园园舍配备标准情况一览表

<table>
<tr><th>类别</th><th>房舍名称</th><th>生均面积</th></tr>
<tr><td>幼儿活动及辅助用房</td><td>活动室兼卧室、儿童厕所、盥洗室、衣帽教具贮藏室、音体活动室、电教活动室（一般标准增加）、游艺活动室（较高标准增加）</td><td rowspan="3">按照6个班、9个班规模分别测算，“基本”标准生均建筑面积7.58平方米、6.95平方米，生均共用活动场地、分班活动场地、绿地均为1.5平方米；
“一般”标准生均建筑面积10.32平方米、9.33平方米，生均共用活动场地、分班活动场地、绿地均为2平方米；
“较高”标准生均建筑面积12.29平方米、11.08平方米，生均共用活动场地、分班活动场地、绿地均为2.5平方米</td></tr>
<tr><td>办公及辅助用房</td><td>办公室、备课兼会议室、图书资料室、保健室、隔离室、贮藏室、传达室、教工厕所、教具制作兼作品陈列室（一般标准增加）、晨检接待室（较高标准增加）</td></tr>
<tr><td>生活用房</td><td>厨房，开水、消毒间，炊事员休息室，保教人员休息室（较高标准增加）</td></tr>
</table>

1996年北京市幼儿园园舍规划面积定额基本标准统计表

表2–3　　类型：全日制幼儿园　　每班：30人

<table>
<tr><th rowspan="2">名称</th><th rowspan="2">每间使用面积（平方米）</th><th colspan="2">6班（180人）</th><th colspan="2">9班（270人）</th></tr>
<tr><th>间数</th><th>使用面积小计（平方米）</th><th>间数</th><th>使用面积小计（平方米）</th></tr>
<tr><td>一、幼儿活动及辅助用房</td><td></td><td></td><td></td><td></td><td></td></tr>
<tr><td>活动室兼卧室</td><td>70</td><td>6</td><td>420</td><td>9</td><td>630</td></tr>
</table>

续表 2–3

名称		每间使用面积（平方米）	6 班（180 人）		9 班（270 人）	
			间数	使用面积小计（平方米）	间数	使用面积小计（平方米）
儿童厕所		6	6	36	9	54
盥洗室		8	6	48	9	72
衣帽教具贮藏室		9	6	54	9	81
音体活动室			1	70	1	70
使用面积小计				628		907
生均使用面积				3.49		3.36
二、办公及辅助用房						
办公室				48		60
备课兼会议室				16		20
图书资料室				16		20
保健室				10		12
隔离室				10		10
贮藏室				30		40
传达室			1	10	1	10
教工厕所				12		12
使用面积小计				152		184
生均使用面积				0.84		0.68
三、生活用房						
厨房	主副食加工间			48		54
	主副食库			12		12
	烧火间			6		6
开水、消毒间				6		8
炊事员休息室				8		12
使用面积小计				80		92
生均使用面积				0.44		0.34

三、玩教具配备基本标准

1989 年颁布的《幼儿园工作规程（试行）》规定幼儿园应配备适合幼儿特点的桌椅、玩具架、盥洗卫生用具，以及必要的教具、玩具、图书和乐器等。寄宿制幼儿园应配备儿童单人床。幼儿园的教具、玩具应有教育意义并符合安全、卫生的要求。幼儿园应因地制宜，就地取材，自制教具、玩具。

1992 年 12 月，国家教委印发《幼儿园玩具配备目录》。1996 年《北京市幼儿园、托儿所办园、所条件标准（试行）》将幼儿园玩教具配备金额核算标准和配备标准分成基本和一般两个档次。以 6 个班规模幼儿园计算，基本标准配备金额核算合计 14227 元（不含选配玩具），玩具分成 9 大类 81 种，各配数量若干（见表 2–4）。体育类 18 种：攀登架、爬网、滑梯、荡船或荡桥、秋千、平衡木、压板、体操垫、小三轮车、平衡器、高跷、投掷靶、拉力玩具、钻圈或拱形门、球、沙包、绳、体操器械。构造类 7 种：中型积木、小型积木、接插构造玩具、螺旋玩具、穿编玩具、拼图、游戏材料箱。角色表演器具类 5 种：角色游戏玩具、桌面表演游戏玩具、木偶、头饰、模型。科学启蒙玩具类 23 种：小风车、陀螺、放大镜、寒暑表、地球仪、磁铁块、沙水箱（盒）、沙水玩具配件、计算器、幼儿计算器、小型计数材料、几何图形片、图形投放盒子、图形戳、数行接龙、巧板、套式玩具、钟面、儿童棋、儿童牌、天平、图形镶嵌、量杯。音乐类 13 种：风琴、鼓、锣、钹、木鱼、三角铁、碰钟、沙锤、蛙鸣筒、双响筒、串铃、响板、铃鼓。美工类 5 种：小剪刀、泥工板、调色盘、彩色水笔和油画棒、美术面泥。图书挂图卡片 3 种：幼儿读物、教育挂图、各种卡片。电教类 2 种：收录机、幻灯机。劳动工具类 5 种：喷壶、小桶、儿童铁锹、小铲子、小锤子。一般标准配备金额核算合计 23739 元（不含选配玩具），在基本标准基础上，体育类增加 2 种：小推车、滚筒；科学启蒙玩具类增加 7 种：大型积木、万花筒、磁性玩具、弹跳玩具、滑动或滑轮玩具、图形钉板、简易认知器；音乐类增加 1 种：钢琴；电教类增加 3 种：电视机、投影仪、投影片；劳动工具类增加 1 种：幼儿工作台。

1996 年幼儿园玩教具配备金额核算统计表

表 2–4　　规模：6 个班　　单位：元

类　别	金　额
一、体育类	3210
二、构造类	3350
三、角色、表演类	1920
四、科学启蒙类	1177
五、音乐类	1520
六、美工类	1020
七、图书、挂图、卡片	470
八、电教类	1400
九、劳动工具类	160
合　计	14227

说明：各类玩教具金额统计均不含选配部分

2010 年 9 月 13 日，为落实“以游戏为基本活动”的教育原则，推进《北京市幼儿园快乐发展》课程的实施，推进玩具配备标准化建设，市教委印发《北京市幼儿园玩具配备目录》，是全市各级各类幼儿园玩具配备的基本标准。市教委要求现有幼儿园玩具尚未达到配备标准的，按年龄班逐一进行调整补充，尽快完善；拟新建或尚未招生开园的幼儿园应依照目录进行玩具配备。同时要求，要选择正规企业生产的且经过国家安全质量认证的产品；幼儿园利用自然物和废旧材料制作的玩具也应是无毒、安全、卫生的，杜绝使用易碎、易燃和泡沫塑料等废旧材料，确保幼儿生命安全。该目录从幼儿体育游戏、角色游戏、科学活动、建构、益智、表演和美劳 7 个方面进行玩具配备，其中，大型玩具数量按 6 个规模配置，对于 6 个班的园所适当增减大型玩具种类和数量，低于 6 个班的园所，可因地制宜配置多功能大型联合器械（见表 2–5）。

表 2–5　　2010 年北京市幼儿园玩具配备目录一览表

<table>
<tr><th>区域</th><th></th><th>名称</th><th>种类</th><th>规格要求</th><th>数量</th><th>备注</th></tr>
<tr><td rowspan="31">体育活动区</td><td rowspan="10">小班</td><td rowspan="3">大型</td><td>攀爬滑行</td><td>小型滑梯、攀登架、钻爬隧道（限高 1.6 米以下）</td><td rowspan="3">各 1 件 / 园</td><td rowspan="31">大型运动器械：
1. 适宜的体育活动区设施对激发幼儿体格、思维和情感的和谐发展具有重要作用，多样丰富的运动器械不仅能促进幼儿神经系统的发育，更有助于良好个性的培养，满足幼儿多样化的锻炼和选择需要。
2. 按年龄班投放的器械应种类齐全。可因地制宜配置具有多种活动功能的联合器械。
3. 低龄儿童专用中大型运动器具应有安全防护措施。
中、小型运动器械。
1. 种类齐全、数量充足，能满足多组同时游戏的需求。
2. 可自备大、小纸箱、纸棍、竹竿等辅助材料，供幼儿自主选择。
手持器材：
1. 种类丰富、数量充足，能满足自由活动和小组游戏的选择需求。
2. 提倡根据场地条件，补充适宜的材料</td></tr>
<tr><td>摆动平衡</td><td>荡船或荡桥、跷跷板、小型秋千（限高 1.6 米）</td></tr>
<tr><td>旋转弹跳</td><td>弹簧动物、小蹦床、转椅或转亭（座高限高 0.5 米以下）</td></tr>
<tr><td rowspan="3">中小型</td><td>运行类</td><td>摇马、三轮车、脚踏车、步行车、大龙球（直径 65 ~ 80 厘米）</td><td rowspan="3">★ 2 件以上 / 类班均</td></tr>
<tr><td>钻爬类</td><td>弓形门、钻网、爬垫、爬筒、钻筒（直径 50 厘米）</td></tr>
<tr><td>投掷类</td><td>趣味投掷篮、投掷板</td></tr>
<tr><td rowspan="4">手持</td><td>球类</td><td>小皮球、小刺球、橄榄球、大皮球（直径 15 ~ 25 厘米）</td><td rowspan="4">种类齐全，满足使用需求</td></tr>
<tr><td>圈类</td><td>塑料圈、方向盘</td></tr>
<tr><td>投掷类</td><td>软飞盘、降落伞、风车、小沙包（150 克）</td></tr>
<tr><td>拖拉类</td><td>拖拉玩具、动物尾巴</td></tr>
<tr><td rowspan="13">中班</td><td rowspan="3">大型</td><td>攀爬滑行</td><td>中型滑梯、螺旋、波浪滑梯组合（限高 2.2 米）</td><td rowspan="3">各 1 件 / 园（可大型组合）</td></tr>
<tr><td>摆动平衡</td><td>中型荡船、跷跷板、轮胎秋千、座板秋千</td></tr>
<tr><td>旋转弹跳</td><td>蹦床、转筒</td></tr>
<tr><td rowspan="5">中小型</td><td>运行类</td><td>三轮脚滑车、儿童自行车、独轮小推车、平衡脚踏车、滑板车</td><td rowspan="5">★ 2 件 / 类班均</td></tr>
<tr><td>平衡类</td><td>平衡梯、平衡隧道、梅花桩、滚筒、大龙球、组合平衡板、平衡木（必备）</td></tr>
<tr><td>钻爬类</td><td>隧道钻筒、钻筒、钻杆、钻筒弓形门（必备，高 50 ~ 60 厘米）</td></tr>
<tr><td>投掷</td><td>小篮筐、拳击袋、投掷物</td></tr>
<tr><td>弹跳</td><td>蹦床、弹跳球、跨栏、小跳箱（限高 45 厘米）</td></tr>
<tr><td rowspan="5">手持</td><td>球</td><td>大小皮球、触摸球、实心球、小足球</td><td rowspan="5">★ 1 件以上 / 人均</td></tr>
<tr><td>圈</td><td>塑料圈、藤圈、铁环、小轮胎</td></tr>
<tr><td>投掷</td><td>布飞盘、塑料飞盘、沙包、拉力器</td></tr>
<tr><td>绳</td><td>单人跳绳、马缰绳</td></tr>
<tr><td>其他</td><td>小高跷、跳袋、风车、过河石</td></tr>
<tr><td rowspan="8">大班</td><td rowspan="4">大型</td><td>攀爬滑行</td><td>攀登、滑梯、爬网、攀岩</td><td rowspan="4">★各 1 件 / 园（可大型组合）</td></tr>
<tr><td>摆动平衡</td><td>秋千、荡船或荡桥、跷跷板、滚筒</td></tr>
<tr><td>弹跳类</td><td>弹簧座椅、压力板、蹦床</td></tr>
<tr><td>旋转类</td><td>大转筒、大陀螺、平衡旋转器</td></tr>
<tr><td rowspan="4">中小型</td><td>运行类</td><td>独轮车、平衡车、滑板车、摇摇车、两轮车</td><td rowspan="4">★ 2 件 / 班均</td></tr>
<tr><td>钻爬类</td><td>钻杆、爬网、隧道、钻筒、弓形门（必备，50 ~ 60 厘米）</td></tr>
<tr><td>投掷类</td><td>篮球架、投掷板、拳击袋、拳击靶、磁性投靶</td></tr>
<tr><td>平衡类</td><td>平衡板、平衡步道、大龙球、平衡木（必备，长 300 厘米、宽 10 厘米、高 30 厘米，两端有长宽各 20 厘米的平台）</td></tr>
</table>

续表 2–5

区域		名称	种类	规格要求	数量	备注
体育活动区	大班	手持	球类	乒乓球、板羽球、拉力球、触摸球、大球（15 厘米，人均必备）、网球（重 50 克，必备）	★各2件/班均	
			绳、棍类	长绳、皮筋、小空竹、陀螺、体操棒、短绳（人均必备）	★1件以上/人均	
			圈、袋类	呼啦圈、体操圈、铁环、跳袋		
			投掷类	飞镖、飞盘、降落伞、沙包、高尔夫球、保龄球、垒球		
			平衡爬行	高跷、大鞋、动物掌、过河石		
	场地环境	1. 环境创设应因地制宜，自然、丰富。如设置卵石路、小土坡、沙水池、小型工具、玩具收纳箱等。 2. 地面质地多样，软硬兼顾，大型器械下要排除安全隐患。 3. 场地设计合理，有给、排水系统和儿童厕所。 4. 场地平整，布局划分合理，便于集体、分散活动的需要				
角色区	小班	家庭类	娃娃	可穿脱衣服的娃娃、有性别区分的娃娃、种族不同的娃娃	★3个以上/班	1. 角色游戏中的交往共融体验，能帮助幼儿了解简单的社会常识，学习与人相处的行为技能，为幼儿形成良好的自我意识、更好地适应社会生活提供有效的帮助。 2. 各类玩具材料品种可任选，数量要充足，能满足4人以上游戏的需要，还应根据教育内容或主题的变化及时补充相关的物品、材料。 3. 充分利用空间，设置角色游戏区：小班保证一个区，中班不少于2个区，大班的区域应在2个以上。各班区域内容应做到定期调整、有序轮换、不断丰富。 4. 提倡师幼互动，根据教育活动的需要自制新颖、适宜的玩具，丰富和深化游戏主题
				毛绒宠物、娃娃服装鞋帽	适量	
			家具	娃娃床或车床、衣柜或衣架、餐桌椅、操作台、灶台	★1套/班	
				梳妆台、书架、沙发		
			用具	炊具，餐具或茶具、奶瓶，卧具	★各1套/班	
				模拟家用电器、盥洗用具、仿真食品		
		社会类	家具类	物品柜、架，操作台	★1套/班	
			用品类	餐厅、商店、角色套装玩具、角色服饰		
	中班	家庭类	娃娃	有性别区分的、可穿脱衣服的娃娃	★2～3个/班	
				娃娃四季服装、鞋帽	适量	
			家具	娃娃床、床车、衣柜或衣架、四人餐桌椅、操作台、灶台、物品架	★各1套/班	
				书架、沙发或地垫、靠垫等		
			用具	床上用品、角色服饰、厨房炊具、餐具、水杯、清洁工具;家用电器、洗浴用具、角色道具、购物用具、小童车、仿真食品	★1套/班	
		社会类	家具	门脸招牌、物品柜（架）、操作台	★1～2套/班	
			用品	餐厅、医院、商店、美发及其他角色套装玩具、辅助材料		
	大班	家庭类	娃娃	不同种族的、可穿脱衣服的娃娃、娃娃服装鞋帽	★1～2套/班	
			家具	娃娃床、衣柜或衣架、储物柜、四人餐桌椅子、操作台、灶台、梳妆台	各1件/班	
			用具	厨具炊具、食物餐具、模拟家电、床上用品、盥洗用品、购物用具、角色道具、娱乐用品	★6种以上/班	
		社会类	家具类	门脸招牌、物品柜（架）、扮演操作台	1～3件/班	
			用品类	餐厅套装玩具、医院套装玩具、商店套装玩具、美发厅套装玩具、其他角色类套装玩具	★1～3套/类班均	

续表 2–5

区域		名称	种类	规格要求	数量	备注
科学活动区	小班	玩具	声	发声（八音盒）、传声（电话、回声筒）、声控玩具	★各 2 ~ 3 件 / 类班均	1. 科学区活动注重幼儿情感态度和探究兴趣的培养，要通过有准备的环境，引发幼儿运用多种感官动手动脑操作探究，表达交流，尝试独立或合作解决解释遇到的问题。 2. 各年龄班玩具、工具、材料要种类齐全，数量充足，有序投放，能满足教师指导下的小组及幼儿自主探索的需求。 3. 玩具、材料要配备相应的使用图例、操作图解。 4. 根据实际，结合课程及主题活动选配各类相关实验工具及材料
			光	反射（凹面、凸面、平面镜）、折射玩具（万花筒）		
			力	冲击力（打桩床、打花器）、摩擦力（滑道、刮板）、机械玩具（回力车、发条车）、其他压花剪、弹力球		
			空气	充气玩偶、气球、风铃、涡轮		
			水	水枪、水车		
		工具	信息类	观察盒、图卡	★ 2 ~ 4 件 / 类班均	
			操作类	吸管、养殖箱、喷壶、小桶、鱼缸、花盆、小铲		
		材料	自然物	沙、水、卵石、木块，时令花、草、虫、鱼		
			探究物	透明色片、泡泡水、风车、简易风筝、镜子、筛子、吹管		
			模型	布艺蔬菜、水果，软、硬动物模型，动植物印章		
	中班	玩具	声	传声、发声、声控玩具，声音游戏盒	★ 2 ~ 3 件 / 类班均	
			光	反射玩具（液态万花筒）、折射玩具（三维空间、哈哈镜）		
			电	自发电玩具（手摇发电机、光电陀螺）、电路玩具（电子积木）、电动玩具		
			力	重力（沙漏计时器、挂斗天平、撒棍、平衡蛋、木质抽棍）、压力（滚花器）、浮力、离心力、摩擦力玩具（88 轨道）		
			水	溶解（超级泡泡）、水的游戏盒、喷水器、小水车、水枪		
			磁	磁性（碰碰车、叠叠乐）、磁力玩具（磁贴、钓鱼）		
			空气	空气车、风筝、航模、小潜艇、吹球游戏		
			机械	齿轮玩具（发条车、齿轮组合）、组装玩具		
		工具	信息类	温度计、工具书籍、时钟（必备）	★ 3 ~ 6 件 / 类班均	
			操作类	直尺、透明色板、计数材料、观察盒、漏斗、鱼缸、花盆、镊子、颜料吸管、筛子、放大镜（必备）		
		材料	自然物	植物包埋标本、动物标本、沙石、虫、鱼、花、草		
			探究物	磁块、皮毛、丝绸、透明色板、小弹簧、摩擦棍、颜料		
			模　型	人体器官模型，常见家禽家畜、野生动植物模型		
	大班	玩具	声	传声（共振鼓、对讲机）、发声（雨声、听觉配对筒、齿木）、声控玩具（喊泉、分贝仪）、声音游戏盒	★ 3 ~ 4 件 / 类班均	
			光	折射玩具（潜望镜、望远镜、手持电影）、反射玩具（拆装万花筒、光学模块组）、光能（太阳能玩具）、光游戏盒		
			电	自发电（水果发电机）、导电（挑战者）、电路玩具（电子积木）、电学组合		
			磁	磁力玩具（悬浮环、悬陀螺、魔块玩具）、磁游戏盒		
			力	惯性（过山车、上下转盘）、重心（平衡盘组、打垒台）、压力（液压玩具）、传动力（碰撞球）、力学玩具盒		
			机械	齿轮联动、杠杆玩具（切纸刀）		
			环境	生物可降解观察器、造纸、风速计、气象游戏盒		
		工具	信息类	地球仪、工具书、显微镜、图卡、寒暑表、日历（必备）	★ 4 ~ 8 种 / 类班均	
			操作类	计数材料（必备）、培养皿、试管、试管架、量杯、导管、镊子、磁棒、注射器、渔网、气囊虹吸管、电流表		

续表 2-5

区域		名称	种类	规格要求	数量	备注
		材料	自然物	虫、鱼、花、草，植物、种子、矿石、木片、贝壳、化石（珊瑚、硅化木）		
		材料	探究物	透镜（必备凹、凸透，三棱镜）、陀螺轴、U 形磁铁、平镜片、金属丝、绝缘体、电珠、滑轮、透明色片、指南针		
		材料	模型	人体器官模型，昆虫包埋标本，两栖动物、五谷杂粮标本，植物茎叶根，天文星空模型		
建构区	小班	搭建积木	地面软体	个体较大，色彩纯正，红、黄、蓝等基本色或木本色。外包材质防水布面、亚光 EVA 泡沫，无气味（50 块左右 / 包）	★1 套 / 类班均	1. 建构区多样的玩具材料有助于帮助幼儿将抽象的数理概念直观化，使幼儿在探究操作中积累起有关数、量、形、时空、创造和审美等方面的直接经验。 2. 实心积木数量配备要充足，满足 3 ~ 6 名儿童同时游戏的需求。要有计划地投放辅助材料及搭建示例图片，并随教育活动定期更换。 3. 桌面有主题的高结构硬体积木适合小班幼儿，无主题的低结构几何形积木更有助于中大班幼儿创造力的培养。 4. 各年龄班插装玩具要保证种类齐全，数量充足，做到有序更换。所投放的各类结构玩具要配备使用图示、图解，以及教师或幼儿的搭建作品、图照
建构区	小班	搭建积木	地面空心	边角接缝平滑，无外露钉子，材质不开裂、不变形，色彩纯正，黏合剂与油漆环保无异味（50 块左右 / 套）		
建构区	小班	搭建积木	地面实心	积木以大块为主，块体为基本几何形，辅以少量异型。积木的长度、宽度和厚度符合等差比例，每套 200 块左右	1 套 / 班	
建构区	小班	搭建积木	桌面硬体	主题积木、几何形积木（彩色、木本色）	★1 ~ 2 套 / 班均	
建构区	小班	插装玩具	插接类 链接类 扣接类 组装类	结构材料块体较大，容易抓握，无误入口鼻隐患；色彩鲜艳纯正、饱满；操作方便，插装方法较为简单；拼插接口稳固	各 1 套 / 班	
建构区	中班	搭建积木	地面空心	边角接缝处平滑，无外露钉子；材质不易开裂和变形；色彩纯正、不掉色；胶和油漆无气味	1 套 / 班	
建构区	中班	搭建积木	地面实心	块体以基本几何形为主、辅以少量异型。积木的长度、宽度和高度应符合等差比例，每套 250 块左右	1 套 / 班	
建构区	中班	搭建积木	桌面硬体	主题积木、几何体积木	★1 ~ 2 套 / 班	
建构区	中班	插装玩具	嵌接类 插接类 链接类 扣接类 磁接类 组装类	块体大小适中，无塞入口鼻隐患，色彩丰富、纯正。插接口严密，块体形状多样	1 套以上 / 类班均	
建构区	大班	搭建积木	地面实心积木	积木的长度、宽度和高度符合数学等差比例。块体以基本几何形为主、辅以少量的异型，每套 300 块左右	1 套 / 班	
建构区	大班	搭建积木	桌面硬体积木	主题积木、几何形积木	★1 ~ 2 套 / 班	
建构区	大班	插装玩具	嵌接类 插接类 链接类 扣接类 磁接类 组装类	色彩丰富纯正，无味，不易褪色。块体大小、形状多样，插接口严密	各 1 套以上 / 班	

续表 2–5

区域		名称	种类	规格要求	数量	备注
益智区	小班	阅读	图画书	游戏、认物、童话、大开本图书（≥ 4 开）	4 ~ 5 册 / 人	1. 益智区以可操作的教育性玩具为中介，实现对幼儿心智发展的促进，幼儿通过与这类特殊玩具材料的互动，使抽象的概念学习情趣化、形象化，从而认识、掌握积淀在物品玩具中的社会文化经验。 2. 阅读材料的选择、投放要兼顾各年龄阶段幼儿心智、认知多方面的发展需求。小班应材质多样并有师生共读的大书，中大班图画书的内容要丰富有趣，引人入胜。 3. 各年龄班棋牌类玩具的投放要丰富、新颖、多样，定期更换，使游戏常玩常新。 4. 操作类玩具材料的提供要种类无缺失，满足幼儿多样化的选择需要。 5. 各种材料要配有相应的使用说明和儿童的作品示例
			图片	常见动物、果蔬、识物卡片，课程相关的大挂图	各 1 ~ 2 套 / 班	
			有声读物	有声图书、CD、音像故事、磁带		
			手偶	指偶、袋偶、模型		
		棋牌	纸、木质牌	配对牌、接龙牌（可以自动控制错误）	★各 2 套 / 类班均	
			游戏棋	单只骰子游戏棋（骰子不小于 8 立方厘米）		
		镶嵌	平面镶嵌	大、小抓手、无抓手平面、墙面镶嵌。单片厚≥ 1 厘米	★各 2 套 / 类班均	
			立体镶嵌	图形嵌接盒、六面拼（单体直径≥ 5 厘米）		
			拼　图	8 ~ 30 块 / 单幅		
		套叠	套叠	套盒、套筒、套塔、套人、套图	★各 2 套 / 类班均	
		穿编	串珠	单手拨、穿，双手配合穿		
			夹、穿线	线板、模型（单个、组合）；巧手夹等		
		搭配	分类	配对盒、配对板、对应板、拆解果疏（可自动控制错误）	★各 1 ~ 2 套 / 类班均	
			关联	配对螺丝、立体四面拼、排序卡（排序卡片以 3 幅图为宜）		
	中班	阅读	图画书	经典童话、心理故事、科普知识（多材质、异型、立体）	4 ~ 5 册 / 人	
			图片	排序讲述卡、动植物图卡、大挂图	各 1 ~ 2 套 / 班	
			有声读物	配音故事磁带、光盘、录音带	2 ~ 4 碟 / 班	
			指偶模型	动物、人物指偶，布袋偶	各 1 套 / 班	
		棋牌	纸、木质牌	接龙牌、配对牌	★各 1 ~ 2 套 / 类班均	
			游戏棋	平面棋、立体棋		
		镶嵌	平面	平面嵌板、墙面镶嵌	★各 1 ~ 3 套 / 类班均	
			立体	数序、数量立体嵌		
			拼图	80 ~ 120 块		
		套叠	衔接	齿轮组套	★各 1 ~ 2 套 / 类班均	
			重叠	叠高、多层套拼		
		穿编	串珠	几何图形、异型串珠		
			线板	巧手系（4 ~ 6 面）、桩板（带卡）		
		搭配	关联	立体六面拼、匹配板	各 2 ~ 3 套 / 班	
			分类	分类盒、等分板、图形连接块		

续表 2–5

区域		名称	种类	规格要求	数量	备注
益智区	大班	阅读	图画书	童话、寓言、科普故事图画书，美劳、社会工具书	4 ~ 5 册 / 人	
			图片	社会、生物、交通工具、军事图卡	各 1 ~ 2 套 / 班	
			有声读物	故事 CD 盘、故事磁带	4 ~ 6 碟 / 班	
			人偶模型	角色指、袋偶，磁贴，立体情景模型	★1 ~ 3 套 / 班	
		棋牌	牌	儿童扑克、多米诺骨牌	★2 ~ 3 套 / 类班均	
			游戏棋	传统棋、创新棋		
		镶嵌	平面	几何拼嵌、逻辑板、	各 1 套 / 类班均	
			立体	嵌块（正方体、粗细、高矮）		
			拼图	120 ~ 200 块 / 幅		
		套叠	衔接	插套组合	各 1 套 / 班	
			重叠	多层叠拼		
		穿编	串珠	装饰串珠	各 1 ~ 2 套 / 类班均	
			线板	大钉板、十字绣、编织		
		搭配	关联	计数、等分、等量、守恒	各 2 套 / 班	
			因果	故事排序卡、时钟模型		
			分类	几何图形、物体属性、特点（守恒、变通、材质、功用等）		
表演区	小班	乐器	金属音色	手铃、脚铃、串铃、碰钟、铃板镲、小铃鼓、铃鼓圈（任选 4 种）	每种 2 件 / 类班均	1. 表演区游戏是满足幼儿自娱自乐、按照自己的想法与需要展开的、自主定向的游戏，玩具材料的多样与开放，能促进幼儿个性与创造性发展。 2. 各年龄班乐器的配备要做到各类音色品种齐全，数量满足需要。 3. 除商品玩具材料外，提倡各年龄班因地制宜，自制、自创表演道具、物品。 4. 提供专用收纳柜、架，方便幼儿分类收放，取用
			木质音色	双响筒、木鱼、蛙鸣筒、舞板、沙锤、响板（任选 4 种）		
			鼓	小堂鼓、小钢鼓	★ 1 件 / 类班均	
			旋律乐器	管琴、铝板琴		
		道具	服饰	头饰、服装、纱巾、彩带、手偶・毛绒玩具	★适量选择配备。	
			舞美	舞台背景、化妆镜、化妆盒		
			视听设备	录音机、CD 盘，VCD、DVD 盘、磁带、回声筒		
	中班	乐器	金属音色	角铁、铃鼓、碰钟、牛铃棒、串铃、铁沙铃、小钹、小铜钟（任选 5 种）	每种 1 ~ 3 件 / 类班均	
			木质音色	双响筒、加沟梆子、沙槌、多音响筒、刮棒、打板、双头木筒、鱼蛙、木鱼、齿木（任选 5 种）		
			旋律乐器	高音钢片琴、木琴、旋律钟组	★ 1 件 / 类班均	
			鼓	堂鼓、大鼓、小军鼓、儿童架子鼓		
		道具	服饰	头饰、发饰、服装、纱巾、彩带、手偶	★适量选择配备	
			舞美	舞台背景或木偶台、背景、化妆盒、镜子		
			视听设备	录音机、磁带、CD、DVD、音像带、小麦克风		

续表 2–5

区域		名称	种类	规格要求	数量	备注
	大班	乐器	金属音色	碰钟、三角铁、中型铃鼓、铃鼓圈、双手摇铃、手握式串铃、手指铜钹、锡锣、大镲（任选 5 种）	每种 1 ~ 2 件 / 类班均	
			木质音色	高低音棒子、木鱼、双响筒、打棒、舞板、沙槌、舞棒、枫机响棒、蛙鸣筒、雨声（任选 5 种）		
			旋律乐器	小钟琴，电子琴，铝管琴，木音砖，中，低音木琴	★1 ~ 2 件 / 类班均	
			鼓类	手鼓、大军鼓、队鼓、架子鼓、堂鼓、定音鼓		
		道具	服装类	动物服饰、民族服装、戏剧、主题服装	★ 适量选择配备	
			饰物类	头饰、纱巾、彩带、纸偶		
			舞美	小舞台或木偶台、背景、幕布、化妆台、穿衣镜		
			视听设备	录音机、磁带、CD 盘、音像盘、麦克风		
美劳区	小班	绘画类	笔	6 色粗杆水彩笔	6 盒 / 班	1. 美劳游戏是幼儿对已有经验的表现、整合、理解和提升的过程，也是多元文化与传统文化的融合、传承过程，因此多样化的工具、材料及表达形式，有助于拓展幼儿认知视野和形成独特的审美经验。 2. 班内各类画笔要长期配备，纸质、规格须多样可选，满足小组活动及个体选择需要。 3. 各种操作材料数量充足，并定期补充、调整、更换。提供的废旧物、自然物必须清洁、无毒。 4. 欣赏画数量充足，定期更换。教师要有计划、有目的地组织赏析活动，提高幼儿的鉴赏水平。 5. 各类操作材料要有使用示例、典型作品，为幼儿积累多样化的审美及表达经验提供帮助
				6 色油画棒、粗大蜡笔	8 盒 / 班	
				黑色水彩笔（软笔头）	12 支 / 班	
				方头排笔（笔头宽窄各异）、无尘粗粉笔	3 ~ 4 支 / 班	
			纸	4 ~ 16 开图画纸、彩色复印纸、宣纸、白报纸、异型纸	★3 ~ 5 种 / 班	
			绘画工具	海绵棒、粗棉签、海绵滚子、印章、滚珠、涂鸦板、画架	品种齐全，数量满足活动区需要	
			绘画材料	纸绘胶、手指颜料、水粉颜料、彩色印泥		
			欣赏画	适合小班欣赏的名画印刷品、仿制品。		
		制作类	民间艺术	种类：染纸、面具、剪纸、泥塑	★ 2 ~ 3 种 / 类班均	
				材料：宣纸、餐巾纸、手工纸、面具胚子、陶泥、彩泥		
				工具：泥工板、泥工刀、安全剪刀、花边剪、颜料、胶带、调色盘、模具		
			手工制作	种类：软、硬纸工，泥工，玩玩做做		
				材料：美工纸（手工纸、皱纹纸、旧报纸、广告纸），塑形泥（胶泥、彩泥、面泥、纸黏土），造型物（彩色毛条、自然物）		
				工具：安全剪刀、花边剪、模具、泥工板		
	中班	绘画	笔	12 色水彩笔	8 盒 / 班	
				12 色油画棒	8 盒 / 班	
				黑色水彩笔（笔头软）	6 支 / 班	
				签字笔（黑色）	10 支 / 班	
				水彩笔（5# ~ 10#）、水粉笔、大楷笔	各 3 支 / 班	
			纸	画纸（图画纸、异型绘画纸、水粉纸、各色卡纸、彩色复印纸、宣纸、刮画纸、砂纸）、画布（亚麻、的确良、白棉布、针织布）	★5 ~ 8 种 / 班	
			绘画工具	粗、细棉签，刮画笔，滚子，滚珠，喷壶，吹管，调色板，模型板	★3 ~ 6 种 / 类班均	
			绘画材料	水粉色、水彩色、国画颜料、彩砂、丙烯颜料		
			欣赏画	中西近代大师画作印刷品、临摹品	适量	

续表 2–5

区域		名称	种类	规格要求	数量	备注
美劳区	中班	制作类	民间艺术	种类：风筝、扎染、陶艺、面具、剪纸	★4～6种/类班均	
				材料：风筝胚子，白布、染料、线绳、陶土、黄泥、面具胚子、白卡面具、模板面具、彩色工艺纸		
				工具：泥工板、塑料切刀、拉胚机、模具、剪刀		
			手工制作	种类：软、硬纸工、泥工、小制作		
				材料：美工纸（胶带手工纸、皱纹纸、彩色卡纸），塑型泥（面泥、胶泥、软陶、彩泥、纸黏土），造型物（毛条、绒球、纺织品、自然物）；半成品（塑料眼睛、光片异型木片、异型画纸）		
				工具：普通剪刀、花边剪刀、泥板、模具，胶棒、滚花器		
	大班	绘画	笔	12 色油画棒、水溶性油画棒	8 盒 / 班	
				12 色彩色铅笔、水溶性彩色铅笔	8 盒 / 班	
				黑色签字笔	8 支 / 班	
				6 色荧光彩笔	6 盒 / 班	
				毛笔、水粉笔	8 ～ 16 支 / 班	
			纸	纸：图画纸、水粉纸、水彩纸、彩色卡纸、彩色复印纸、宣纸、吹塑纸、油画纸、刮画纸、砂纸。 布：亚麻布、的确良、白棉布、文化衫 半成品：绘画手偶、异型纸、异型木片	★6～8种/类班均	
			绘画工具	粗、细棉签，刮画笔，滚子，滚珠，喷壶，吹管，调色盒	★4～6种/类班均	
			绘画材料	水粉颜料，水彩颜料，国画颜料，丙烯颜料、彩砂、金粉		
			欣赏画	不同风格的油画、水粉、水彩、水墨、版画等中外名家名画印刷品或临摹品	适量	
		制作	民间艺术	种类：风筝、扎染、陶艺、面具、剪纸	★4～6种/类班均	
				材料：风筝胚子、白布、染料、线绳、软陶、黄泥、面具胚子、白卡面具、模板面具、彩色工艺纸		
				工具：泥板、塑料切刀、模具、剪刀		
			手工制作	种类：软、硬纸工，泥工，创意制作		
				材料：美工纸（手工纸、皱纹纸、彩色卡纸、报纸、广告纸、挂历纸、纸餐具），塑型泥（面泥、黄土泥、软陶、橡皮泥、纸黏土），造型物（绒毛条、绒球、泡沫球、七彩丝、自然物、废旧材料），半成品（塑料眼睛、光片、平板羽毛、木制蛋、人、勺）		
				工具：花边剪刀、胶棒、美工板、打花器、模切机、拉胚机、切纸刀、打花器		

说明：表格中的“★”表示可选择

四、医疗卫生器械和家具配备标准

1996 年《北京市幼儿园、托儿所办园、所条件标准（试行）》规定幼儿园保健室医疗卫生器械配备标准和隔离室设备基本标准。

幼儿园保健室医疗卫生器械配备标准，包括桌椅、药品柜、保健资料柜、流动水或代用流动水设施、诊查卡、电冰箱、体重计、灯光视力箱、对数视力表、身高座椅计、高压消毒锅、紫外线灯、常用消毒液、常用医疗器械、听诊器、注射器、血压计、体温计、手电筒、压舌板、敷料、软皮尺、暖水袋、氧气袋、外用药、防治常见病的中西成药、急救药品 27 种物品。隔离室设备包括一般设备（儿童床、桌椅、浴洗用具、食具）、医疗用品（压舌板、体温表、听诊器、消毒液、手电筒）、其他设备（儿童玩具、儿童书籍、成人隔离衣、脸盆、毛巾）。

幼儿园办公家具配备基本标准包括幼儿桌椅、玩具柜、儿童书架、衣帽被褥柜、幼儿活动床、水碗柜、毛巾架、电风扇、“一头沉”、三屉桌、二屉桌、办公桌、文件柜、保险柜，按照幼儿、班级、职工数量配备。一般配备标准增加卡片柜、书柜、杂志架、写字台、铁皮保险柜、会议桌、单人床或铺板、国旗旗杆。

1991 年至 2010 年，北京市学前教育资源状况未列入市级教育行政部门统计范围，缺乏北京市幼儿园教育设施、设备整体统计。据区县教委统计，各幼儿园依据标准改造园舍，增加建筑面积，改善教学设施。2000 年东城区分司厅幼儿园投资 28 万元改造园舍，每个班均设有独立宿舍和卫生间，改变合用状况；东城区卫生局三幼自筹资金改善办园条件，各班安装空调、热水器、洗衣机，配置计算机，更新桌椅、门窗，户外设置 3 岁前幼儿游戏场，操场铺设塑胶地面。2005 年，昌平区教委完成两所幼儿园基建工程：投资 150 万元完成工业幼儿园南北两栋教学楼室内装修，更换活动室、睡眠室木地板，改造危电和水暖管件；投资 89 万元，完成财贸幼儿园两座楼，共计 2222 平方米室内装修、室外环境改造和部分设备更新；房山区良乡镇中心幼儿园完成环境改造工程，包括装修、改造教学楼，购置玩具柜 70 个，购置室内幼儿活动玩教具，重新布置楼道墙面装饰，工程总投资 23 万元。2010 年，东华门幼儿园总建筑面积 4187.74 平方米，在园幼儿 225 人，生均占建筑面积 18.61 平方米；当年改造幼儿活动室、盥洗室和楼梯等设施，新增外挂楼梯，扩大幼儿活动面积，改善使用条件，增强上下楼梯的安全性，可多容纳 20 名幼儿，总投资 200 余万元；西城区马连道幼儿园总建筑面积 1350 平方米，操场 726 平方米，在园儿童 227 人，生均占建筑面积 5.95 平方米，当年改造教学楼校舍、前院平房阅览室、教学楼室内装饰板和天花板等，重新绘制教学楼墙面、攀爬墙和后院墙壁画，增设玩具多宝格、大型游乐设施、计算机等教学设备，共投资223.22万元。

第二节　级类验收

1988年6月和1989年1月，市教育局与市政府文教办、市卫生局先后颁布《北京市托幼园所分级分类标准（试行草案）》和《北京市托幼园所分级分类标准及细则（试行草案）》，开始级类验收工作。至1989年7月，大部分区县完成市立幼儿园基本验收工作。

1990年年底，全市有637所市属、机关、部队、企业和街道托幼园所通过分级验收。在区县验收的基础上，市验收组验收51所申报一级一类的园所，确定35所为北京地区首批一级一类幼儿园（见表2-6）。级类验收按照办园方向、物质条件、人员条件和管理工作指标将幼儿园分成一、二、三级，按照保教工作、卫生保健和儿童身心发展指标将幼儿园分成一、二、三类，二者分别验收。

表2-6　　1990年北京市首批一级一类幼儿园（35所）一览表

区县	幼儿园
东城区（5所）	北京市第一幼儿园、东四五条幼儿园、总政幼儿园、中国统配煤炭总公司幼儿园、化工部幼儿园
西城区（5所）	北海幼儿园、曙光幼儿园、北京市第六幼儿园、公安部幼儿园、宇峰幼儿园
崇文区（5所）	北京市第五幼儿园、崇文区第二幼儿园、崇文区第三幼儿园、光明幼儿园、育翔幼儿园
宣武区（1所）	虎坊路幼儿园
朝阳区（4所）	和平街幼儿园、京棉二厂幼儿园、京棉三厂托儿所、北京机电研究院幼儿园
海淀区（6所）	六一幼儿园、总后五一幼儿园、空直幼儿园、海军示范幼儿园、301总医院幼儿园、中国工运学院幼儿园
丰台区（4所）	蒲黄榆第二幼儿园、总后六一幼儿园、航天部一分院幼儿园、航天部三分院幼儿园
石景山区（2所）	石景山区第三幼儿园、首钢老山第二托儿所
顺义县（1所）	建新幼儿园
昌平县（2所）	昌平县教工幼儿园、昌平县工业幼儿园

1991年，市教育局与市政府文教办、市卫生局对区县申报的第二批一级一类幼儿园进行验收，22所幼儿园通过一级一类验收，58所幼儿园通过一级验收。

1994年2月19日，市政府文教办、市教育局和市卫生局联合颁布新修订的《北京市托幼园所分级分类标准及细则（试行）》，计划用三年左右时间，依据新标准对符合验收条件的园所，进行新一轮督导和评估。新标准包括幼儿园办园质量和幼儿发展水平两部分，并确立幼儿园自评制度。

1997年，市教委和市儿童保健所对10个区县申报的一级和一类幼儿园44所进行检查验收。其中，9 所幼儿园达到一级一类标准、27 所园达到一级标准、3 所园达到一类标准。国务院机关事务管理局验收认定其所属的 13 所机关幼儿园为一级一类。因幼儿园结构调整，首批一级一类幼儿园中的北京市机电研究院幼儿园、京棉二厂幼儿园等园所撤销，至 1997 年年底，全市一级一类幼儿园 86 所。

1998 年,针对多体制、多形式办园情况,北京市加强对托幼园所办园质量管理。2 月，市学前教育领导小组办公室下发《关于进一步做好城镇地区托幼园所分级分类管理的几点意见》，规定市学前教育领导小组负责全市园所分级分类验收工作的组织领导和监督管理。市教委负责一级和一类园所的验收认定工作；区县教委负责二级二类及以下等级园所的验收认定工作。北京市首次开展一级一类幼儿园挂牌工作，9 月 25 日市学前教育领导小组办公室召开全市一级一类幼儿园命名大会。82 所幼儿园被正式命名为一级一类幼儿园,授予“一级一类幼儿园”牌匾。年底，又增加 2 所一级一类幼儿园（见表 2–7）。

表 2–7　　1998 年北京地区首批授牌一级一类幼儿园一览表（共 84 所）

区县	幼儿园
东城区（15 所）	北京市第一幼儿园、北京市第三幼儿园、东四五条幼儿园、东华门幼儿园、冶金工业部幼儿园、化学工业部幼儿园、东城区职业教育中心校附属幼儿园、东城区卫生局第三幼儿园、北京市自来水公司东直门幼儿园、中国民用航空总局机关幼儿园、煤炭工业部机关幼儿园、外经贸部机关服务中心幼儿园、中国航空工业总公司机关幼儿园、解放军总政治部幼儿园、解放军空军后勤部幼儿园
西城区（13 所）	北海幼儿园、棉花胡同幼儿园、曙光幼儿园、北京市第六幼儿园、鲍家街幼儿园、公安部幼儿园、北京市公安局幼儿园、北京军区空军宇锋幼儿园、新街口街道果子市幼儿园、二龙路新京儿道实验幼儿园、北京市邮政管理局鸿雁幼儿园、西四北幼儿园、洁民幼儿园
崇文区（9 所）	北京市第五幼儿园、光明幼儿园、崇文区第三幼儿园、崇文区第二幼儿园、安乐幼儿园、回民幼儿园、永东幼儿园、北京军区空军育翔幼儿园、北京市委机关幼儿园
宣武区（6 所）	虎坊路幼儿园、北京市第四幼儿园、实验幼儿园、三教寺幼儿园、槐柏幼儿、和平门幼儿园
朝阳区（3 所）	朝阳区和平街幼儿园、朝阳区三里屯幼儿园、朝阳区团结湖第一幼儿园
海淀区（8 所）	北京市六一幼儿院、中国工运学院幼儿园、北京师范大学实验幼儿园、解放军总医院幼儿园、空军直属机关蓝天幼儿园、国防大学第一幼儿园、解放军总后勤部五一幼儿园、解放军海军北京示范幼儿园
丰台区（16 所）	蒲黄榆第一幼儿园、丰台区实验幼儿园、丰台第一幼儿园、丰台区政府机关幼儿园、方庄第一幼儿园、方庄芳群第二幼儿园、丰台第二幼儿园、丰台第三幼儿园、方庄第二幼儿园、方庄第三幼儿园、装甲兵工程学院幼儿园、北方车辆制造厂幼儿园、解放军总后勤部六一幼儿园、中国航天工业总公司第三研究院幼儿园、航空航天部第一研究院幼儿园、首都航天机械公司服务公司幼儿园
石景山区（4 所）	石景山区第三幼儿园、首钢幼儿保教处第四幼儿园、北京军区政治部幼儿园、北京军区司令部幼儿园
门头沟区（1 所）	门头沟区幼儿园
房山区（1 所）	房山幼儿园
顺义区（2 所）	建新幼儿园、顺义区第三幼儿园
怀柔县（1 所）	怀柔县第二幼儿园
昌平县（3 所）	昌平教工幼儿园、昌平县工业幼儿园、昌平县委机关幼儿园

续表 2–7

区县	幼儿园
大兴县（1 所）	大兴县黄村第二幼儿园
延庆县（1 所）	延庆县新城幼儿园

1999 年，市教委新验收 14 所一级一类幼儿园，国家机关事务管理局自评 17 所一级一类幼儿园，全市一级一类幼儿园总数达到 115 所，提前完成“九五”规划提出的 100 所指标。为了解一级一类园保教工作质量，市教委采用问卷方式调查 81 所幼儿园的办园条件、教师素质和保教工作等 11 个方面指标，家长对幼儿园工作满意率为 85.8%。延庆、大兴、顺义 3 个区县有 8 所乡镇中心幼儿园通过市级达标检查，全市达到合格标准的农村乡镇中心园有 124 所。

2000 年 6 月 27 日，市教委和市卫生局发布《关于进一步做好托幼园所分级分类验收和年度考核工作的意见》以及新修订的《北京市托幼园所分级分类验收标准及细则》。规定申报验收资格：须取得教育部门颁发的办学许可证；新开办的园所，自收托幼儿开始，至少在一年以上方可申报“级别”验收，两年以上方可申报“类别”验收；凡认定级类的园所，原则上一年后方可再申报升级，两年后方可申报升类。一级一类、一级和一类园所均须按年度参加考核，二级二类及以下园所在下一次换发证书之前，至少要考核一次；园所级类证书有效期 3 年。新修订的《北京市托幼园所分级分类验收标准及细则》于 9 月正式实施。新标准和细则分为一级、二级和三级指标，将办园方向、物质条件、人员条件、人员编制、保教工作和卫生保健各项指标分解成级别不同分值。从 2001 年开始，市教委每年开展一次级类验收工作。

2001 年，全市幼儿园开始执行新修订的《北京市托幼园所分级分类验收标准及细则》，市教委组织由区县验收组成员和园长参加的新“标准”学习培训班。各区县依据新“标准”对已评定级类的幼儿园进行年度考核。至年底，全市共有 623 所幼儿园获得等级证书，其中，一级或一类园共计 274 所，占全市幼儿园总数的 15.9%。

2002 年，市、区县验收组联合对 30 所申报级类幼儿园进行检查评估，认定为一级一类幼儿园 26 所。至年底，全市一级一类幼儿园 158 所、一级二类园 127 所。

2003 年，市教委加强对全市幼儿园质量管理。7 月，为全市通过年度考核的 633 所幼儿园换发质量等级证书，占园所总量的 44.3%。其中，555 所园获得相应“级类证书”，78 所农村中心园获合格证书。年内新增一级幼儿园 7 所，一类幼儿园 16 所，一级一类幼儿园 11 所。至年底，全市一级一类幼儿园 185 所。

2004年，市教委继续深入开展园所质量评价工作。至年底，全市一级一类幼儿园达206所，比上年增加21所。

2006年，市、区（县）两级教委先后对35所幼儿园的办园条件和保教质量进行评估，有18所幼儿园达到一级一类标准，其中，农村乡镇中心园1所、民办园2所、街道园2所。

2008年，市教委组织幼教研、卫生保健、行政管理等有关方面人员对11个区县申报级类验收的28所幼儿园进行评审，其中，达到一级一类幼儿园15所、一级二类幼儿园9所、农村达标园4所。

2009年，全市1253所幼儿园中具备验收条件（三个班以上）969所，其中，接受分级分类验收并取得级类证书的园所688所，占71%；达到一级标准以上的优质幼儿园407所，占42%。

2010年，市教委完成74所幼儿园的级类验收工作，新增一级一类标准幼儿园61所。至年底，全市1245所幼儿园中有701所通过级类验收，占56.3%；达到一级标准以上的优质幼儿园465所（包括一级一类幼儿园296所，占全市幼儿园总数的23.78%），占37.3%，包括农村乡中心园有66所，占农村中心园总数的41.3%。

第三节　示范幼儿园

1990年8月13日，市教育局印发《关于加强北京市示范性幼儿园建设的意见》，提出在区县示范园建设的基础上，确定一批市级示范园。示范园领导体制上，各区县教育局负责示范性幼儿园的日常业务领导；示范幼儿园的确定上，市立幼儿园应逐步成为示范园，各区县确定2～3所本区县示范幼儿园，远郊区县选择1所乡中心园为示范园。示范园评选条件为：有完善的组织管理机构和健全的规章制度；园领导班子团结，作风民主；保教队伍政治、文化、专业素质较高；有适合幼儿生活和学习的良好校舍等。示范幼儿园的作用为实施保教示范，开展试验研究，总结保教工作经验。

1991年5月7日，市教育局在总后五一幼儿园召开加强示范性幼儿园建设现场会。海淀区教育局介绍以示范园带骨干园，以骨干园带一般园，并组成领导网络及通过示范园的保教示范作用对各类幼儿园进行业务指导的经验。总后管理局介绍主动与地方教育行政部门紧密配合，把示范性幼儿园建设的落脚点放在提高保教质量上的经验。示范性幼儿园的建设推动了区县、系统各类型幼儿园办园水平的提高。

1993 年，市教育局指导各区县教育局对本区县示范园进行调整，确定区县级示范园 48 所，市、区县加强对示范园的领导、管理、评估工作：区县幼教科将示范园建设列入工作计划，明确工作目标、职责，形成科室齐抓共管的局面；制定管理制度，加强对示范园的领导和管理；调整示范园的领导班子，充实领导力量，并加强对青年教师的培养；对示范园的管理和保教质量提出要求，在落实 24 字工作总要求方面发挥示范作用；加强对示范园的集体视导，对示范园的管理和保教质量等进行检查评估。

1999 年 8 月，市教委颁布《北京市示范幼儿园标准》，开展争创北京市示范幼儿园工作。该标准规定示范幼儿园的办园条件、规模及形式，行政管理，保教工作，与家庭、社区的合作，示范作用的发挥等内容。市教委要求各区县努力办好 1 ~ 2 所条件好、质量高、家长满意率和社会知名度俱佳的示范幼儿园，使其成为保教工作示范基地、教改科研基地、社区学前教育基地和幼教人才培养基地，成为首都学前教育窗口。市教委在全市选择 34 所幼儿园作为试点园，围绕幼儿主体教育、环境育人、家园合作教育、幼儿园与社区合作教育、幼儿游戏的开展、保育与教育相结合以及教师素质的提高等方面进行专题研究。

2000 年 9 月至 11 月，市教委按照《北京市示范幼儿园标准》，首次开展示范幼儿园评审工作，分区县初评和市级专家评审两个阶段，并召开园长答辩会，进行现场视导评估。2001 年 5 月 28 日，市教委公布首批 10 所北京市示范幼儿园名单。

2003 年 7 月，市教委印发《关于进一步加强北京市示范幼儿园建设与管理的通知》，明确管理职责：市教委负责组织对市级示范园的评审和质量抽查工作；区县教委负责对示范幼儿园进行培养、推荐和质量监控工作，示范园在全市保育工作、教育科研工作、社区学前教育工作、幼教人才培养工作中的作用。

2004 年 9 月 1 日，《北京市示范幼儿园标准（修订）》开始实施。新修订的标准在示范园软硬件建设方面提出更高标准，力求在以人为本、可持续发展上起到示范作用，并从六个方面提出了保教质量和示范作用的要求，注重强调示范园工作的实效性，代表新时期幼儿教育改革与发展的方向。

2002 年、2003 年、2005 年、2007 年、2009 年、2010 年（当年评审，次年公布）分别认定第二至第七批示范幼儿园：5 所、9 所、15 所、15 所、16 所、19 所。至 2010 年年底，北京市共评选市级示范园 89 所，占一级一类幼儿园的 30.1%（见表 2-8）。

表 2–8　　第一批至第七批北京市示范幼儿园（89 所）一览表

年份	批次	数量	幼儿园
2001 年	第一批	10 所	北京市第一幼儿园、北京市宣武区实验幼儿园、北京市第五幼儿园、中国工运学院幼儿园、北京市北海幼儿园、北京师范大学实验幼儿园、北京市六一幼儿院、中国人民解放军总后勤部六一幼儿园、东城区东华门幼儿园、西城区棉花胡同幼儿园
2002 年	第二批	5 所	崇文区第二幼儿园、朝阳区安华里第二幼儿园、丰台区第一幼儿园、延庆县新城幼儿园、武警总部机关幼儿园
2003 年	第三批	9 所	朝阳区劲松第一幼儿园、西城区曙光幼儿园、丰台区方庄第三幼儿园、宣武区槐柏幼儿园、石景山区实验幼儿园、东城区东四五条幼儿园、大兴区黄村第二幼儿园、海淀区四季青乡常青幼儿园、顺义区建南幼儿园
2005 年	第四批	15 所	朝阳区和平街幼儿园、西城区洁民幼儿园、怀柔区第二幼儿园、北京市第四幼儿园、空军直属机关蓝天幼儿园、朝阳区松榆里幼儿园、房山区幼儿园、解放军总后五一幼儿园、门头沟区幼儿园、石景山区第三幼儿园、通州区东里幼儿园、北京市第七幼儿园、崇文区光明幼儿园、昌平区教工幼儿园、丰台区青塔第二幼儿园
2007 年	第五批	15 所	东城区分司厅幼儿园、空军蓝天宇锋幼儿园、朝阳区三里屯幼儿园、朝阳区惠新里幼儿园、崇文区第三幼儿园、京明天幼稚集团第一幼儿园、北京市清华洁华幼儿园、丰台区蒲黄榆第一幼儿园、北京军区政治部幼儿园、大兴区第三幼儿园、顺义区仁和中心幼儿园、房山区良乡幼儿园、延庆县第二幼儿园、昌平区机关幼儿园、平谷区第三幼儿园
2009 年	第六批	16 所	北京市第一幼儿园附属实验园、北京军区空军育翔幼儿园、解放军总政治部幼儿园、朝阳区西坝河第一幼儿园、朝阳区团结湖第一幼儿园、海淀区政府机关幼儿园、北京大学幼教中心、总参兵种部机关第一幼儿园、丰台区方庄第二幼儿园、丰台区方庄街道芳群幼儿园、大兴区第一幼儿园、顺义区石园北区幼儿园、宣武区回民幼儿园、北京市公安局幼儿园、昌平区工业幼儿园、平谷区第二幼儿园
2010 年	第七批	19 所	东城区新中街幼儿园、北京市第二幼儿园、朝阳区京通幼儿园、北师大望京大西洋新城幼儿园、西城区三教寺幼儿园、西城区长安幼儿园、西城区马连道幼儿园、北京市第六幼儿园、海淀区恩济里幼儿园、海淀区立新学校幼儿园、海淀区二十一世纪幼儿园、中国科学研究院第三幼儿园、丰台区第二幼儿园、丰台区政府机关幼儿园、石景山区幼儿园、石景山京源学校幼儿部、顺义区宏城幼儿园、顺义区幸福幼儿园、怀柔区第一幼儿园

第四节　示范基地建设

一、早教示范基地建设

20 世纪 90 年代，北京市 0 ～ 3 岁早期教育尚未全面推开，只在少数地区和单位进行探索。为改变早教工作与发达国家和地区差距较大、早期教育普及程度不高、家庭科学教养的水平不高的状况，北京市从“十五”计划期间开始采取措施，依托社区，推进早期教育工作。

2001 年《北京市学前教育条例》提出：“全市倡导和支持开展 3 周岁以下婴幼儿的早期教育。”2002 年国务院办公厅转发了教育部等十部委《关于幼儿教育改革与发展的指导意见》，提出为 0 ～ 6 岁儿童和家长提供早期保育和教育服务。

2002 年，北京市启动“社区儿童早期教育基地”建设工程，市政府将“在城近郊区建立20个社区早期教育示范基地”被列入为市民办的60件实事之一，拨专款200万元，为8个城近郊区20所幼儿园配备适合3岁前儿童活动专用教室、运动器械和玩具；组织有关专家成立项目实施小组，指导开展社区早期亲子教育活动；举办两期培训班，对项目园120名教师进行专业培训；开展“3岁前儿童早期教育研究”实验，选取东城区卫生局三幼等5所幼儿园为试点，试行《北京市三岁前儿童教养大纲》，对3岁前儿童教养目标和方法进行研究。6月，20个早教活动基地向社区开放。11月1日，市教委、市卫生局、市妇联联合印发《关于开展0～3岁儿童早期教育的指导意见》，提出在“十五”时期“逐步建立起以社区为依托，0～6岁一体化的现代化学前教育体系”发展目标，明确教育行政部门、卫生部门、妇联组织和社区的职责，开展早期教育活动以《幼儿园教育指导纲要》精神和《北京市0～3岁儿童教养大纲（试行）》为指导，结合婴幼儿的年龄特点，以培养基本素质，促进婴幼儿身心健康成长为目标，开展适宜的教育活动，要与家长密切配合避免小学化、成人化的倾向。11月27日，北京市教委召开“社区早期教育示范基地”命名大会，宣布东城区卫生局第三幼儿园、东华门幼儿园，西城区洁民幼儿园、果子市幼儿园等20个“社区早期教育示范基地”。

年内，朝阳区将社区早教基地列入“民心工程”，在劲松街道、安贞街道、八里庄街道、新源里街道组建4个“社区早期教育基地”，发展以社区为依托，面向0～3岁儿童提供多种形式学前教育服务，满足家长对多样化学前教育的需求。

2003年5月21日，市教委学前教育“空中课堂”开通。该课堂设有在线指导、电话咨询、电台广播“亲情港湾”专题节目，面向0～6岁儿童家长、幼儿教师宣传科学育儿知识，提供心理健康、体能与健康和膳食与营养方面的咨询。12月23日，市教委印发《关于加强社区儿童早期教育示范基地建设的通知》，总结2002—2003年早教基地建设工作，提出下一步工作要求，指出“以幼儿园为基地开展社区0～3岁儿童早期教育，是一项全新的工作，从形式到内容都不同于幼儿园日常工作，因此必须加大教研、科研力度，重在帮助家长梳理正确的教育观念，掌握科学的育儿方法”。同时公布第二批42个社区早期教育示范基地名单。当年，全市早教基地共开办180个双休日亲子班，每周固定参加早教活动儿童2000余人。

2004年7月，《快乐亲子园实用教材》出版。该书由市教委组织编写，为亲子园的建立、实践与操作提供具体的帮助和指导。12月16日，北京市教委公布第三批48个社区儿童早期教育示范基地名单。至此，全市早教示范基地达110

个，分布在 18 个区县，覆盖社区 3 万名散居儿童的家庭，开办 430 个半日、计时及双休日亲子班，固定参加活动儿童达 5500 人次，提前一年完成“十五”教育规划目标。年内，北京市教委信息中心开通北京市亲子园在线网站，网址：qinziyuan.bjedu.cn，设有“亲子园介绍”“亲子园计划”“活动方案”“育儿问答”“教养建议”“经验交流”“社区信息”等 9 个栏目，反映北京早期教育现状以及研究和实践成果。

2005 年 3 月，市教委会同《父母必读》杂志社向 110 个市级社区早教基地赠送科学养育方面的图书和阅览书架，帮助早教基地建立家长阅览园地。“六一”前夕，各区县以市、区级社区早期教育基地为骨干，组织开展“让科学的早期教育走进千家万户”大型宣传教育活动，1 万人参加活动。海淀、朝阳、顺义等区部分幼儿园在附近农贸市场开办早教活动站，对外来务工人员子女进行早期教育。年内，编辑出版两期《0 ~ 3 岁科学育儿指南》读物，每期 8 万份，免费发放给社区散居儿童家长。

2006 年 6 月，市教委公布第四批 42 个社区儿童早期教育示范基地幼儿园名单，印发《关于做好北京市 0 ~ 3 岁儿童到早期教育示范基地接受免费教育工作的通知》，与市卫生局联合启动“北京市 0 ~ 3 岁儿童免费教育卡”发放工作，幼儿凭卡每年可在全市 18 个区县 151 所社区早教示范基地免费活动 2 次，至 9 月发卡 10 万张。年内，各早教基地开办小时班、半日班、双休日班等；海淀区市、区两级 0 ~ 3 岁早教基地建设布局实现社区全覆盖；东城区出现早期教育一条街，开展“准妈妈、准爸爸俱乐部”活动；房山区、大兴区、怀柔区集中力量建立了早期教育指导中心；密云县的早期教育大篷车定期送教到山区；顺义区因地制宜地开展串门式的早期教育。

2007 年、2009 年，市教委分别评定第五批、第六批市级早教示范基地各 65 个。

2010 年，市教委继续抓好 0 ~ 3 岁社区儿童早期教育示范基地建设与课程研究，制定《儿童早期教育指南》，验收通过早教示范基地 26 个，于次年公布。至此全市市级早期教育示范基地幼儿园 307 所（见表 2-9）。

表 2-9　　第一批至第七批市级早期教育示范基地幼儿园（307 所）一览表

年份	批次	数量	早期教育示范基地幼儿园
2002 年	第一批	20 所	东城区卫生局第三幼儿园、东华门幼儿园；西城区洁民幼儿园、果子市幼儿园；崇文区北京市第五幼儿园分园、光明幼儿园；宣武区和平门幼儿园、三义里第一幼儿园；朝阳区亚运村第二幼儿园、安华里第二幼儿园、三里屯幼儿园；海淀区翠微幼儿园、明天幼稚集团第六幼儿园；丰台区丰台第一幼儿园、方庄第三幼儿园、方庄第二幼儿园、西罗园幼儿园；石景山实验幼儿园、石景山区第三幼儿园；房山区燕山幼儿园

续表 2-9

年份	批次	数量	早期教育示范基地幼儿园
2003 年	第二批	42 所	东城区东四五条幼儿园、北京市第一幼儿园、分司厅幼儿园、国家煤炭工业局机关幼儿园；西城区二龙路新京畿道幼儿园、北京市北海幼儿园、机械工业局机关幼儿园、中国石油集团华服总公司幼儿园；崇文区安乐幼儿园、崇文区第三幼儿园、中共北京市委机关幼儿园；宣武区虎坊路幼儿园、市府大楼幼儿园；朝阳区劲松第一幼儿园、惠新里幼儿园、新源里第二幼儿园、松榆里幼儿园、水碓北里幼儿园、枣营幼儿园、北京广播学院幼儿园；海地区北京市六一幼儿院、明天幼稚集团第二幼儿园、中国工运学院幼儿园、有色金属研究总院幼儿园、清华洁华幼儿园、解放军总后勤部五一幼儿园、国务院机关事务管理局花园村幼儿园；丰台区方庄第一幼儿园、丰台第二幼儿园、青塔第二幼儿园、丰台区第三幼儿园；石景山区幼儿园、北京金苹果幼儿园、石景山师范学校附属幼儿园；房山幼儿园、良乡幼儿园；顺义区建南幼儿园、家府中心幼儿园；大兴区黄村第二幼儿园、黄村第三幼儿园、北京市监管局幼儿园；通州区新城东里幼儿园
2004 年	第三批	48 所	东城区新中街幼儿园、北京市第一幼儿园附属实验园、国家林业局幼儿园；西城区幸福泉幼儿园、北京军区空军蓝天宇锋幼儿园、公安部幼儿园；宣武区北京市第四幼儿园；朝阳区和平街幼儿园、中国科学院第四幼儿园、朝阳区京通幼儿园、朝阳区秀园幼儿园、阳区亚运村第一幼儿园、朝阳区西坝河第一幼儿园、朝阳区大地双龙幼儿园、朝阳区团结湖第一幼儿园福怡苑分园；海淀区人民政府机关幼儿园、中国科学院第三幼儿园、兵器工业机关服务中心幼儿园、北京大学幼教中心、海淀区万柳社区教育培训中心、海军北京示范幼儿园、北京市立新学校幼儿园、解放军总参兵种部机关第一幼儿园、中国人民武装警察部队总部机关幼儿园；丰台区第四幼儿园、中国人民解放军总后勤部六一幼儿园、航天集团三院幼儿园、丰台区嘉园第一幼儿园、丰台区蒲黄榆第一幼儿园分园、航天总公司一分院第一幼儿园；石景山区北京市京源学校幼儿部、北京军区司令部幼儿园；门头沟区幼儿园；密云县第二幼儿园；怀柔区第二幼儿园、怀柔区杨宋镇中心幼儿园；昌平区教工幼儿园；平谷区第一幼儿园；大兴区黄村第一幼儿园；延庆县幼儿园、新城幼儿园、康庄小区幼儿园；房山区良乡中心幼儿园；顺义区李桥中心幼儿园、仁和中心幼儿园、义宾幼儿园；北京市通州区幼儿园、双鹿艺术幼儿园
2006 年	第四批	41 所	东城区中国民航总局机关幼儿园、北京市第二幼儿园；西城区棉花胡同幼儿园、长安幼儿园；宣武区实验幼儿园；朝阳区垡头幼儿园、电子城幼儿园、培华幼儿园、香河园街道中心幼儿园、小橡树幼儿园、首都机场第三幼儿园；海淀区四季青常青幼儿园、北京育新实验幼儿园、石油勘探开发科学研究院幼儿园、中国农业科学院幼儿园、解放军总参兵种部机关第三幼儿园、北京航空航天大学幼儿园、解放军二炮机关第一幼儿园、北京市银河之星幼儿园、中航一公司北京航空材料研究院幼儿园；丰台区太平桥东里幼儿园、宛平幼儿园、榆树庄艺术幼儿园；北京军区政治部幼儿园、中国科学院高能所幼儿园；顺义区石园幼儿园建北幼儿园、西辛幼儿园、南法信中心幼儿园、杨镇中心幼儿园；大兴区青云店镇中心幼儿园；房山区青龙湖中心幼儿园、天之骄子智能开发幼儿园；通州区梨园中心幼儿园，东方化工厂幼儿园；密云县房管幼儿第二园；怀柔镇中心幼儿园；昌平区机关幼儿园、北海昌房幼儿园；平谷区大华山中心幼儿园；延庆县第二幼儿园
2007 年	第五批	65 所	东城区卫生局第一幼儿园、北京市第七幼儿园；西城区回民幼儿园、西城区幸福泉幼儿园、北京市公安局幼儿园、北京市第六幼儿园；宣武区槐柏幼儿园；朝阳区佳华安琪幼儿园、幸福天使幼儿园、光华路幼儿园、二十一世纪实验幼儿园嘉铭园、清友实验幼儿园、北京蓝岛大厦幼儿园、幸福泉北苑幼儿园、北京工业大学幼儿园；海淀区二十一世纪实验幼儿园、明天幼稚集团第三幼儿园、启明华清幼儿园、明天幼稚集团第八幼儿园、北京科技大学幼儿园、明天幼稚集团第七幼儿园、国防大学第一幼儿园、空军装备研究院蓝天幼儿园、解放军 93462 部队幼儿园；丰台区政府机关幼儿园、育英幼儿园、南苑教工幼儿园、丰台区第五幼儿园、丰台区第六幼儿园；石景山区八角北路幼儿园、首钢大地老山东里幼儿园、首钢大地古城幼儿园；房山区窦店镇中心园、青龙湖镇坨里中心园；怀柔区北房镇中心幼儿园、中国科学院第九幼儿园；延庆区永宁镇中心幼儿园；门头沟区城子幼儿园、斋堂中心小学幼儿园；顺义区石园北区幼儿园、幸福幼儿园、双兴幼儿园、滨河幼儿园、北石槽镇中心园、高丽营中心园、北小营镇中心幼儿园、马坡镇中心园、恰幼儿园；密云第四幼儿园、密云第一幼儿园、巨各庄镇中心园、溪翁庄镇中心幼儿园；昌平工业幼儿园、防化指挥工程学院幼儿园、南邵镇中心幼儿园；平谷第二幼儿园、平谷第三幼儿园、山东庄镇中心园、峪口镇中心园；通州区如意幼儿园、运乔蓝天幼儿园；大兴区黄村镇观音寺幼儿园、二十一世纪实验幼儿园、西红门星海双语幼儿园；燕山燕凌春雨阳光幼儿园

续表 2–9

年份	批次	数量	早期教育示范基地幼儿园
2009 年	第六批	65 所	东城区解放军总政治部幼儿园；西城区西四北幼儿园、洁如幼儿园；崇文区第二幼儿园、北京市大地实验幼儿园；宣武区长椿街幼儿园、马连道幼儿园、宣武回民幼儿园、三义里第二幼儿园、名苑幼儿园；朝阳区亚运村中心幼儿园、北师大奥林匹克花园幼儿园、春宇幼儿园、新源里幼儿园、望京新城幼儿园、中建一局建设发展公司幼儿园、刘诗昆音乐艺术幼儿园、左家庄幼儿园、中华女子学院附属实验幼儿园、总装备部直属机关幼儿园、团结湖第一幼儿园；海淀区恩济里幼儿园、中国人民大学幼儿园、空军直属机关蓝天幼儿园、北京语言大学幼儿园、北京交通大学幼儿园、小星星双语艺术幼儿园、明天幼稚集团第四幼儿园、明天幼稚集团第九幼儿园、明天幼稚集团第十幼儿园、明天幼稚集团第五幼儿园、北京大学医学部幼儿园、苏家坨镇中心幼儿园；丰台区长辛店第一幼儿园、空直蓝天幼儿园华凯分园、八一电影制片厂幼儿园、樊家村教工幼儿园、芳群第二幼儿园；石景山希望之星幼儿园、灵童潜能开发幼稚园；门头沟东辛房幼儿园、北京市新星幼儿园；密云县北庄镇中心幼儿园、穆家峪镇后栗园幼儿园、密云县工业商贸公司幼儿园、古北口镇中心幼儿园、密云县国土资源和房屋管理局幼儿园、密云蓝天幼儿园、高岭镇栗榛寨幼儿园；怀柔区怀北镇中心幼儿园；平谷区南独乐河镇中心幼儿园；昌平区育龙幼儿园、解放军 63960 部队幼儿园；房山区佛子庄乡中心幼儿园、大石窝镇中心幼儿园、韩村河镇中心幼儿园；延庆县井庄镇中心幼儿园、刘斌堡乡中心幼儿园、延庆县第四幼儿园；顺义区港馨幼儿园、李遂镇中心幼儿园、天竺镇中心幼儿园、南彩镇中心幼儿园、张镇中心幼儿园；北京燕凌春宇幼教有限公司星城幼儿园
2010 年评选，2011 年 1 月公布	第七批	26 所	解放军总参管理保障部幼儿园、北师大实验幼儿园西苑分园、北京农业大学东校区幼儿园、北京钢铁研究总院幼儿园、解放军兵种部第二幼儿园、启明东润双语幼儿园、朝阳区南磨房乡中心幼儿园、朝阳区安贞街道中心幼儿园、石景山区第二幼儿园、北京军区联勤部幼儿园、怀柔区第一幼儿园、解放军 62301 部队幼儿园、丰台区东罗园幼儿园、丰台区群英幼儿园、中国儿童活动中心幼儿园、西城区曙光幼儿园、西城区小百合幼儿园、城区三教寺幼儿园、顺义区北务镇中心幼儿园、顺义区木林镇中心幼儿园、顺义区牛栏山镇中心幼儿园、国防大学第三幼儿园、昌平区沙河镇中心幼儿园、平谷区第四幼儿园、密云县东邵渠镇中心幼儿园、密云县大城子中心幼儿园

二、学前儿童特殊教育示范基地建设

1990 年《北京市特殊教育事业发展规划（1990 年至 1995 年）》提出，至 1995 年，全市 50% 以上的残疾幼儿受到系统学前教育和康复训练的目标。

1994 年，市教育局转发国家教委《关于开展残疾儿童少年随班就读工作的试行办法》，对随班就读的对象、教学等做了规定。4 月 6 日，北京市第一家市立特殊教育幼儿园——西城区育红幼儿园正式开园，招收弱智幼儿，首次招生 3 个班，6 ~ 11 岁幼儿 22 人。西城区育红幼儿园建于 1975 年。1994 年，育红幼儿园改为专门招收智力发育障碍儿童的寄宿制培智幼儿园，设于新街口地区八道湾一座四合院内，设备齐全，教师 19 人，办园宗旨是把教育与康复医疗结合起来，给这些特别的孩子以特别的爱，让他们幸福快乐地成长。2009 年 10 月 16 日，西城区教委决定西城区育红幼儿园并入西城区培智中心学校。

1995 年，北京市有学前聋儿康复中心 3 个，其中，国家级 1 个、市级 2 个；聋儿康复点 13 个；全市有 590 名聋幼儿接受了早期语言训练，其中，108 名聋儿进入普通学校随班就读，占受训聋儿的18.3%。教育部门办智力残疾幼儿园1所，智力残疾幼儿康复站10个，共收智力残疾幼儿520名。另外，市民政局所属儿童福利院，社区、街道等单位举办残疾儿童寄托所等，对残疾幼儿开展程度不同的特殊教育。

1997年，《北京市特殊教育事业"九五"发展规划》发布，提出到2000年城镇地区80%以上的视力、听力言语、智力等残疾幼儿要接受2～3年的学前教育；农村地区残疾幼儿的学前教育也要有较大发展。

2001年，《北京市学前教育条例》提出："全市重视并扶持残疾儿童学前教育事业。残疾儿童的学前教育应当从婴幼儿开始，与康复、训练结合进行。"

2004年3月1日，市教委印发《关于在幼儿园中开展残障幼儿随班就读试点工作的通知》。各区县在调查研究的基础上选定1～2所办园条件较好、师资力量较强的市立幼儿园或示范园，承担随班就读试点任务；每班特殊幼儿最多不超过2名，全班幼儿总量不得超过《幼儿园工作规程（试行）》规定的班额数，每班增加1名教师；随班就读幼儿相对集中（超过10名以上）的试点园，安排专职辅导教师和专用活动室，并配备残障幼儿需要的训练器材和教玩具。市教委在分司厅幼儿园等7所幼儿园开展智障儿童早期干预试点工作。在中央教育科学研究所指导下，东城区教委为分司厅幼儿园配建专用早期干预资源教室。9月，市教委召开"在普通幼教机构中对发育迟缓儿童进行早期干预"课题现场会，分司厅幼儿园、北京市第七幼儿园、东棉花胡同幼儿园、西罗园幼儿园和方庄第三幼儿园交流工作经验。

2005年6月24日至27日，市教委举办第一期北京市学前特殊儿童早期干预师资培训班，培训内容为发育迟缓儿童诊断、早期干预内容与方法、制定个别化教育方案等，全市23所残障儿童随班就读试点园教师100人参加培训。6月27日，市教委印发《关于命名北京市学前儿童特殊教育示范基地的通知》，分司厅幼儿园、北大幼教中心、新源里幼儿园和方庄第三幼儿园等4所幼儿园成为第一批"北京市学前儿童特殊教育示范基地"，发挥北京市特殊学前儿童随班就读教育训练基地、特教师资培训基地和特殊儿童教育研究基地的作用。

2006年，市教委采用政府招标的方式，为14个早期干预试点幼儿园配备价值221.33万元的教学和康复设备。至此，全市18个区县都建立儿童早期干预资源教室。

2007年9月12日，市教委命名北京市第六幼儿园、崇文区第三幼儿园、小百合幼儿园等14所幼儿园为第二批北京市学前儿童特殊教育示范基地，完成《北京市学前教育“十一五”规划》中提出的“以幼儿园为依托建立18个特殊教育资源训练室和特殊儿童教育示范基地”的任务。9月21日，市教委召开“北京市幼儿园随班就读工作现场会暨特殊儿童教育示范基地颁牌大会”，为第二批示范基地授牌，并观摩分司厅幼儿园的资源教室建设和随班就读活动。

2008年，市教委委托北京大学幼教中心开展特殊教育方案研究，委托北京幼师学校和北京联合大学特教学院完成35个特殊儿童学前教育基地70名教师的特殊教育理论及技能培训。

2009年，市教委进一步推进学前特殊教育干预基地建设，开展特殊教育师资的培养工作。12月4日，市教委举行北京市第三批学前儿童特殊教育示范基地颁牌大会，西城区长安幼儿园、崇文区托儿所、朝阳区二十一世纪嘉铭幼儿园等19个幼儿园成为第三批学前儿童特殊教育示范基地。

2002年至2010年，市教委连续投入555万元建设学前特殊教育示范基地。基地幼儿园面向社区宣传科学育儿的知识，并吸引社区内的特殊儿童和家长接受早期教育指导，做好区域内特殊儿童家庭教育咨询服务；建立园长牵头的工作研究小组，为每个随班就读幼儿建立个人成长档案，设立个案教育内容与目标，采取适宜的形式和方法进行教育；加强观察和教育研究，不断总结经验，提高特教工作水平。至2010年年底，北京市命名3批共37个学前儿童特殊教育示范基地（见表2-10）。

表2-10　第一批至第三批37所北京市学前儿童特殊教育示范基地幼儿园一览表

年份	批次	数量	学前儿童特殊教育示范基地幼儿园
2005年	第一批	4所	东城区分司厅幼儿园、北大幼教中心、朝阳区新源里幼儿园、丰台区方庄第三幼儿园
2007年	第二批	14所	北京市第六幼儿园、崇文区第三幼儿园、西城区小百合幼儿园、通州区新城东里幼儿园、房山区良乡幼儿园、昌平机关幼儿园、大兴区第五幼儿园、延庆县第二幼儿园、石景山区幼儿园、平谷区第三幼儿园、怀柔区第一幼儿园、顺义石园北区幼儿园、门头沟区幼儿园、密云县第四幼儿园
2009年	第三批	19所	西城区长安幼儿园、崇文区托儿所、朝阳区二十一世纪嘉铭幼儿园、海淀区阳光早教实验中心、北京大学医学部幼儿园、海淀区现代艺术幼儿园、解放军93462部队幼儿园、丰台区青塔第二幼儿园、石景山区师范附属幼儿园、平谷区第四幼儿园、延庆县第一幼儿园、顺义区石园幼儿园、密云县第一幼儿园、怀柔区第二幼儿园、昌平区工业幼儿园、大兴区黄村镇第一中心园、通州区幼儿园、房山区幼儿园、门头沟区新星幼儿园

第五节　农村学前教育建设

1991年，市教育局拟订《北京市农村乡（镇）中心园验收标准（讨论稿）》。

从幼儿园规模、园舍、设备，办园方向和目标，领导班子建设，管理制度建设，师资队伍建设，保育教育工作，发挥中心园三个作用及乡管教育八个方面，制定29条细则以促进乡镇中心园的建设，为有计划有步骤地验收乡镇中心园做了准备。随后，市政府文教办、市教育局和市卫生局印发《关于加强对农村乡（镇）中心幼儿园的管理意见》，对中心园的设置、主要任务、工作要求、办园条件、工作人员条件等做了规定。

1993年4月26日至5月15日，怀柔、平谷、通县、顺义、大兴、海淀等区县的24所中心幼儿园被认定为北京市首批农村乡镇中心达标幼儿园，占全市193所乡镇中心园的12.4%。

1994年，海淀区玉渊潭乡中心园和东北旺乡中心园接受验收，通过市级达标标准。5月4日至11日，市农村中心幼儿园检查组检查顺义县南彩、北石槽、张喜庄、大孙各庄、马坡、北小营、小店7所乡镇中心幼儿园，听取工作汇报。

1995年6月，市教育局在平谷县靠山集乡中心园召开全市山区乡中心园建设现场会，总结山区乡中心园建设成绩：（1）乡中心园管理工作逐步走上制度化、规范化轨道；（2）初步建立一支稳定、合格的教师队伍；（3）认真贯彻《规程》，保教质量有所提高。副局长李洪飞提出：（1）山区各乡应本着“一手抓发展，一手抓提高”的方针，积极创造条件发展乡中心园，已建乡中心园的要努力提高办园质量；（2）进一步加强山区乡中心园师资队伍建设；（3）提高乡中心园保教质量，发挥保教示范、教研中心、培训基地三个作用。

1995年，通县梨园、马驹桥、城关、张家湾、宋庄、胡各庄、徐辛庄、西集、漷县、牛堡屯、次渠11个镇和觅子店、台湖2个乡的中心园通过北京市检查验收，均达到办园合格标准。年内为迎接市检查验收，城关镇投资十几万元改善办园条件；西集镇投资100多万元重建高标准的中心园园舍，改善办园条件，促进中心园和村办幼儿园的管理、教学和保健质量的提高。

1996年，全市农村儿童28.9万人，占全市学龄前儿童总数（54.7万人）的52.8%。农村地区3岁以上儿童15.9万人，入园9.7万人，入园率61%，尚有6.2万名3岁以上儿童未能接受学前教育。农村地区学前教育发展有较大困难，一方面是部分地区受经济条件、地理位置、家长文化素质和传统育儿观念的制约，发展缓慢；另一方面在学前教育事业发展较好的地区，又因出生人口逐年下降，适龄儿童大幅度减少，以行政村为单位办园数量明显减少，仅1996年一年就减少288个村办园，儿童入园率下降8.1个百分点。

9月至10月，市教委和市卫生局依据《北京市农村乡镇中心幼儿园标准》，共同对平谷、怀柔、昌平、房山、海淀和朝阳 6 个区县的 21 所农村乡镇中心幼儿园进行达标检查，21 所乡镇中心幼儿园在办园条件和保教质量等方面均达到市颁合格标准。至此，全市已有 107 所乡镇中心幼儿园达到合格标准，合格率由上年的 44.1% 提高到 54.9%，增加 10.8 个百分点（见表 2–11）。

表 2–11　　1996 年通过北京市达标验收乡镇中心园（所）一览表（21 所）

区县	幼儿园
海淀区	六郎庄乡中心园、温泉乡白家疃中心园、北安河乡中心园、东升乡大钟寺中心园
房山区	城关镇中心园、窦店乡中心园、崇各庄乡中心园
怀柔县	怀北镇中心园、北房镇中心园、喇叭沟门乡中心园
昌平县	昌平镇中心园、土楼乡中心园、七里渠乡中心园、高崖口乡中心园
平谷县	英城乡中心园、杨桥乡中心园、峪口镇中心园、镇罗营乡中心园、乐政务乡中心园、马昌营乡中心园
朝阳区	小红门乡中心园

1997 年 4 月，市教委举办为期三天的农村乡中心园园长培训班，邀请市儿童保健所的专家、市区有关领导就农村乡中心园管理、卫生保健和教育教学工作举办讲座。同时组织与会者到顺义县北石槽乡、天竺乡和南法信乡中心园观看幼儿游戏、半日活动和幼儿园管理资料。11 个区县的 53 名乡中心园园长参加学习。

5 月至 9 月，市教委学前处农村调查组到房山、门头沟、延庆、密云和昌平 5 个远郊区县，采取调查表、问卷与访谈乡村干部、幼儿园园长、在园儿童家长和散居儿童家长等形式，对农村各类学前教育机构、办园形式、规模、设备条件、师资队伍状况和农村学前教育工作的组织领导与管理等进行调查。参与调查的 5 个区县共有 109 个乡镇，1712 个行政村。不同类型学前教育机构 991 个，其中，乡中心园 67 个、村办园 459 个、学前班 398 个、私立园 67 个。5 个区县共有 0 ~ 6 岁学龄前儿童 82847 名，包括入园（班）儿童 30152 名，占学前儿童总数的 36.4%；3 岁以上入园儿童 22096 名，占 3 岁以上儿童总数的 66.3%，在全国农村居领先水平。

至年底，市教委继续开展乡中心园达标检查工作，全市有 111 所乡中心园达到合格标准，合格率达 56.9%，平谷县 21 所乡中心园全部达到《北京市农村乡镇中心园标准》，成为全市第一个“乡乡建中心园、园园达标”县。

1998 年 5 月，市教委调研远郊区县乡中心幼儿园发展状况，发现由于出生人口逐年下降，入园适龄儿童大幅度减少，农村乡中心园规模效益受到影响。现有 160 所乡中心园可容纳 777 个教学班，实际只开设 572 个班，园舍利用率 73.6%，收托幼儿数量仅占总容纳量的 63.3%。其中，按设计规模满额招生中心园仅 13 所，占乡中心园总数的 8.1%。10 月，市验收组对房山区十渡镇、东营乡韩村河，大兴县采育镇 3 所中心幼儿园进行达标检查，达到合格标准。至此，全市达标农村乡镇中心幼儿园有 116 所。

1999 年 10 月，市教委、市卫生局联合验收 8 所乡镇中心幼儿园。延庆县永宁小学幼儿园、刘斌堡乡中心园、沈家营乡中心园，大兴县南各庄乡中心园、庞各庄镇中心园，顺义区后沙峪镇中心园、顺义镇仁和幼儿园、木林镇中心园 8 所乡镇中心园通过市级达标检查。至此，全市达到合格标准农村乡镇中心园有 124 所。其中，顺义区 19 个乡镇 25 所中心园全部达标，成为全市第二个乡建园率和达标率均为百分百的区县。

1999 年，农村地区针对学龄前儿童数量逐年减少、部分乡镇中心幼儿园设施闲置问题，加强幼儿园布局调整。顺义、平谷等区县采取撤并规模较小的村办园，集中力量办好乡中心幼儿园的办法，提高中心幼儿园规模效益和保教质量。密云、怀柔等县利用小学生高比例递减、教师相对富余的时机，采取将乡中心园划归小学中心校代管办法，实现学前教育与小学教育资源相互融通。门头沟、延庆等区县通过小学附设幼儿园或办学前班等形式，使学前儿童受教育率稳步提高。

2000 年 9 月，市教委抽查平谷、怀柔、大兴和通州达标中心园自查工作。检查组利用一周时间分别听取 4 区县提高农村学前教育质量工作汇报，查看 12 所乡中心园的办园条件、管理及保教工作等情况，并在平谷县南独乐河乡和大兴县采育镇 2 所中心园召开家长座谈会听取意见。

农村地区加大学前教育机构布局调整力度，边远山区因地制宜依托小学发展学前教育，采取小学附设幼儿园或学前班的办法，基本普及山区儿童学前 1 年教育。怀柔县改革农村学前教育管理体制，12 所乡镇中心幼儿园全部归中心小学管理，建立中心小学—中心幼儿园—村办园（个体园）管理体系。

2001 年，密云县实施学前教育管理体制改革，探索小学与幼儿园衔接模式，52 所农村幼儿园挂靠农村小学，占全部农村幼儿园总数的 39.4%。其中，10 所乡镇中心园挂靠在中心小学，35 所村级园和 7 个学前班挂靠在完小。

2002 年 9 月 1 日，通州区梨园镇、马驹桥镇、永顺镇、漷县镇中心幼儿园 4 所中心园纳入各镇中心小学管理。纳入镇中心小学管理后，中心小学负责对本乡（镇）中心园园长、教师选聘、资格认定、职称评定、工作质量考核。中心园园长享受中心校副校级待遇。

密云县加强农村幼儿园建设，巨各庄镇投资 7 万余元扩建中心幼儿园，可多容纳 4 个班；西田各庄乡投资 8.5 万元完成中心幼儿园翻修房屋，添置设备；大城子中心小学扩大幼儿活动面积，购置室外玩具。至此，该县有 3 个班以上中心园 10 所，其中，9 所通过市级验收。

2003 年 7 月至 8 月，顺义区教委完成部分农村幼儿园调整，将 13 所农村中心幼儿园划归教委直属事业单位，涉及教师 165 人，在园幼儿 2829 人。为配合调整，同时完成部分幼儿园干部教师调整，选调 70 名小学教师充实幼儿教学一线。12 月 3 日，海淀区教委召开农村幼儿园园长座谈会，邀请区卫生局医生、幼教专家，分别讲解农村幼儿园存在问题和学前教育标准化理解等专题，听取西北旺镇中心园改善办园条件、提高办园质量经验介绍，交流各乡镇幼教工作情况，听取园长对农村学前教育发展意见和建议。海淀区拥有农村幼儿园 36 所，分布在 6 个乡（镇），收托儿童 2364 人。

2005 年 10 月，为提高农村乡镇中心幼儿园的教育质量，促进城乡学前教育的均衡发展，市教委印发《关于开展示范幼儿园和农村乡镇中心幼儿园“手拉手”活动的通知》，公布首批“手拉手”单位名单（市级示范园和农村乡镇中心园各 39 所）。开展示范园与农村乡镇中心园“手拉手”活动是落实北京农村教育工作会议精神和《北京市城镇教师支援农村教育暂行办法》，促进城乡学前教育协调发展，加快首都学前教育现代化步伐，构建社会主义和谐社会的重要举措。首轮“手拉手”活动时间为 2005 年 10 月至 2007 年年底，活动采取兼职支教的方式进行，由示范园选派爱岗敬业、有奉献精神、具备良好师德修养、有较强教育教学能力和保教工作经验以及管理经验的园级以上骨干教师及管理人员参加；农村乡镇中心园也可派干部、教师定期到示范园挂职锻炼、学习；主要任务是指导农村乡镇中心园的管理工作、各项教学活动，参加园本培训和教科研活动，指导年轻教师开展教育示范活动并讲授示范课，通过多种途径给予农村乡镇中心园实际支持。

2006 年，市教委调研农村学前教育情况，起草《关于加强北京农村学前教育》（征求意见稿）。调研采取实地考察形式，走访 10 个区县 157 个乡镇 147 所农村幼儿园。结果显示，农村学前教育县镇地区 3 ~ 6 岁儿童入园需求得到基本保证，乡村和山区学前儿童受教育机会增加，但存在水平不高、与人民群众需求不适应、学前教育资源配置不合理、城乡发展不平衡、各级政府对学前教育责任不明确、经费投入不足、管理薄弱等主要问题。

2007 年 10 月 12 日，市教委召开农村学前教育事业发展现场会，听取房山区和顺义区教委分别介绍推进农村学前教育发展经验，并参观房山区青龙湖镇中心园和阎村镇中心园两所农村园教学和管理情况。

2008年3月20日，市教委发布《关于启动第二轮示范幼儿园与农村乡镇中心园“手拉手”活动的通知》，公布15所示范幼儿园与农村乡镇中心园结对名单，要求提高“手拉手”工作的针对性和实效性：示范幼儿园要帮助农村乡镇中心园明确“手拉手”工作目标，目标的制定要因地制宜，切合农村乡镇中心园发展实际。坚持以目标为导向，确保“手拉手”工作的科学性、规范性和适宜性；示范幼儿园要重视调查研究，通过问卷、访谈等多种形式与方法，了解农村乡镇中心园在管理工作、保教质量、师资队伍、教育教学工作、园本培训及教科研工作等方面的情况和需求，与农村乡镇中心园协商制订出切实可行的“手拉手”工作方案或计划，提高“手拉手”工作的针对性；示范幼儿园要将支教重点放在帮助农村乡镇中心园园长转变管理理念、帮助教师转变教育观念、开展教育研究能力和教育实践能力上，对农村乡镇中心园园长的管理思路和园内教育教学工作给予认真、正确、有效的指导，不断提高“手拉手”工作的实效性。

4月28日，市教委召开北京市示范幼儿园与农村乡镇中心园“手拉手”活动总结表彰会并启动第二轮示范幼儿园与农村乡镇中心园“手拉手”支教活动启动仪式，表彰北京市学前教育系统优秀支教工作者39人，北京市示范幼儿园特别贡献奖39个；同时宣布启动第二轮支教活动。第一轮支教活动中，39所示范幼儿园的379名教师和157名管理干部对39所农村乡镇中心园2000名教师及园长进行帮助指导。

12月，昌平区教委完成长陵镇中心幼儿园体制改革试点工作。该区农村中心园改制工作按照“成熟一个成立一个”的指示精神分三批稳步推进，其中，长陵镇中心幼儿园为首批改革试点。改制后，长陵镇中心幼儿园为昌平区教委所属、区财政全额拨款事业单位，区财政全额拨款事业编制79人，科级领导职数4人。

至年底，市教委投资5500万元完成10个郊区县50所乡镇中心园幼儿活动室和厨房改造，扩大幼儿活动空间，增添必备教学、游戏设施和现代化厨房设备，改善农村乡镇中心园办园条件。

2009年10月23日，市教委启动第三轮“手拉手”活动，时间为2009年10月至2011年10月，16对幼儿园参加（见表2–12）。

2010年6月17至18日，市幼儿园级类验收组评估验收延庆县3所乡镇中心幼儿园，永宁镇中心幼儿园、康庄镇中心幼儿园通过北京市一级一类幼儿园验收，大榆树镇中心幼儿园通过一级二类幼儿园验收。这是延庆县乡镇中心园首次通过市级级类验收。

表 2-12　　第一轮至第三轮北京市示范幼儿园与农村乡镇中心园“手拉手”幼儿园一览表

批次	时间	序号	北京市示范幼儿园	对口农村乡镇中心园
第一批	2005 年 10 月至 2007 年 12 月	1	北京市第一幼儿园幼儿园	平谷区山东庄镇中心园
		2	西城区北海幼儿园	密云县不老屯镇中心园
		3	西城区曙光幼儿园	密云县溪翁庄镇中心园
		4	工运学院幼儿园	顺义区马坡镇中心园
		5	海淀区四季青乡常青幼儿园	顺义区高丽营镇中心园
		6	东城区东四五条幼儿园	顺义区赵全营镇中心园
		7	西城区洁民幼儿园	延庆县康庄镇中心园
		8	丰台区第一幼儿园	顺义区南法信镇中心园
		9	顺义区建南幼儿园	顺义区南采镇中心园
		10	大兴区黄村第二幼儿园	大兴区瀛海镇中心园
		11	崇文区光明幼儿园	大兴区亦庄中心园
		12	宣武区槐柏幼儿园	大兴区西红门镇双语幼儿园
		13	解放军武警总部机关幼儿园	房山区青龙湖镇中心园
		14	石景山区实验幼儿园	房山区良乡镇中心园
		15	石景山区第三幼儿园	门头沟区大台镇中心园
		16	空军直属机关蓝天幼儿园	房山区大石窝镇中心园
		17	解放军总后五一幼儿园	延庆县井庄镇中心园
		18	怀柔区第二幼儿园	怀柔区杨宋镇中心园
		19	西城区棉花胡同幼儿园	怀柔区九渡河镇中心园
		20	北京市第四幼儿园	怀柔区北房镇中心园
		21	延庆县新城幼儿园	延庆县沈家营镇中心园
		22	北京市第五幼儿园	平谷区大兴庄镇中心园
		23	崇文区第二幼儿园	平谷区大华山镇中心园
		24	昌平区教工幼儿园	昌平区崔村镇中心园
		25	宣武区实验幼儿园	昌平区回龙观镇中心园
		26	门头沟区幼儿园	门头沟区斋堂镇中心园
		27	北京市第七幼儿园	通州区梨园镇中心园
		28	东城区东华门幼儿园	通州区张家湾镇中心园
		29	通州区新城东里幼儿园	通州区永顺镇中心园
		30	解放军总后六一幼儿园	丰台区卢沟桥乡西局幼儿园
		31	丰台区方庄第三幼儿园	丰台区卢沟桥乡东管头幼儿园
		32	丰台区青塔第二幼儿园	丰台区卢沟桥乡万泉寺幼儿园
		33	北京市六一幼儿院	昌平区东小口镇中心园
		34	北京师范大学实验幼儿园	海淀区六郎庄乡中心园配
		35	朝阳区安华里第二幼儿园	密云县西田各庄乡中心园
		36	朝阳区劲松第一幼儿园	朝阳区南磨房乡中心园
		37	朝阳区和平街幼儿园	朝阳区十八里店乡中心园
		38	朝阳区松榆里幼儿园	朝阳区小红门乡培新幼儿园
		39	房山区幼儿园	房山区琉璃河镇中心园

续表 2-12

批次	时间	序号	北京市示范幼儿园	对口农村乡镇中心园
第二批	2008 年 5 月开始到 2010 年 8 月	40	北京市东城区分司厅幼儿园	通州区漷县镇中心园
		41	北京军区空军蓝天宇峰幼儿园	门头沟区永定镇中心园
		42	北京市崇文区第三幼儿园	怀柔区庙城镇中心园
		43	北京市朝阳区三里屯幼儿园	朝阳区金盏乡中心园
		44	北京市朝阳区惠新里幼儿园	密云县东邵渠乡中心园
		45	北京市清华洁华幼儿园	密云县巨各庄乡中心园
		46	北京明天幼稚集团第一幼儿园	顺义区北石槽乡中心园
		47	北京市丰台区蒲黄榆第一幼儿园	大兴区榆垡镇第一中心园
		48	北京空军政治部幼儿园	房山区城关街道办事处中心园
		49	北京市大兴区第三幼儿园	大兴区瀛海镇第一幼儿园
		50	北京市房山区良乡幼儿园	房山区长阳镇中心园
		51	北京市顺义区仁和幼儿园	顺义区张镇中心园
		52	北京市昌平区机关幼儿园	昌平区十三陵镇中心园
		53	北京市平谷区第三幼儿园	平谷区山东庄镇中心园
		54	北京市延庆县第二幼儿园	延庆县康庄镇中心园
第三批	2009 年 10 月开始到 2011 年 10 月	55	北京市第一幼儿园附属实验园	房山区石楼镇中心园
		56	解放军总政治部幼儿园	通州区马驹桥镇中心园
		57	北京军区空军育翔幼儿园	怀柔区桥梓镇中心园
		58	北京市朝阳区西坝河第一幼儿园	密云县太师屯中心园
		59	北京市朝阳区团结湖第一幼儿园	怀柔区北房镇中心园
		60	北京市海淀区政府机关幼儿园	密云县十里堡中心园
		61	北京大学幼教中心	顺义区南彩镇中心园
		62	总参谋部军训和兵种部机关第一幼儿园	房山区张坊镇中心园
		63	北京市丰台区方庄第二幼儿园	大兴区庞各庄镇中心园
		64	北京市丰台区芳群第二幼儿园	平谷区大兴庄中心园
		65	北京市大兴区第一幼儿园	大兴区采育镇第一中心园
		66	北京市顺义区石园北区幼儿园	顺义区木林中心幼儿园
		67	北京市宣武区回民幼儿园	延庆县大榆树镇中心园
		68	北京市公安局幼儿园	门头沟区王平镇中心园
		69	北京市昌平区工业幼儿园	昌平区长陵镇中心园
		70	北京市平谷区第二幼儿园	平谷区南独乐河镇中心园

第六节　信息化建设

2008 年 3 月 5 日，市教委印发《关于做好北京市学前教育信息化示范基地建设工作的通知》："十五" 计划期间，幼儿园尝试从学前教育特点出发，积极利用教育信息化手段为教育教学服务，探索出一些有益的经验。但是学前教育信息化发展同中小学信息化发展相比存在较大差距，主要表现在：基础设施建设薄弱、教师信息技术教育普及程度不高、运用信息技术提高教育质量和管理水平的能力较低。为推动学前教育信息化发展，市教委启动学前教育信息化基地建设工程，在“十一五”规划期间建设一批学前教育信息化示范基地，各幼儿园要做好教育信息化基础设施建设工作，做到平均每三名教师配备一台电脑，开通本园网站；做好信息技术教育的普及工作，提供网络资源共享平台，实现园际、区域间的网络资源共享；在教育教学中充分运用信息化手段，推动《幼儿园教育指导纲要（试行）》的落实。

4 月 11 日，市教委印发《关于进一步加强北京市教育信息化工作的意见》，公布《北京市学前教育信息化行动计划（2008—2010 年）》，主要目标：（1）在各区县建立 60 个学前教育示范基地，以点带面，从而促进全市学前教育信息化建设。（2）建立北京地区的高质量、安全、稳定的学前教育信息化管理平台，实现学前教育的资源共享、信息传递、网络交流。（3）普及示范幼儿园及一级一类幼儿园网络平台建设，逐步推动、引导其他级类和性质的幼儿园的网络平台建设。（4）提高各级各类幼儿园行政管理工作的信息化和管理人员的信息技术水平。（5）所有幼儿园均有 2 名及以上教师接受信息技术培训，积极引导各园开展全园教师的信息技术培训。（6）加强北京学前教育信息资源建设，形成较高水平的本地信息资源库，让更多的幼儿教师和幼儿园园长受益。（7）开展学前教育信息化专项研究，引导教师进行信息技术与幼儿园教学整合的探索，每年举办一次课件评比活动。（8）积极推动学前网络课程的开发与研制，提高亲子教育的质量，提高家长的育儿技能。重点工作包括：（1）建设学前教育信息化示范基地，探索首都学前教育信息化发展模式。（2）建设北京学前教育信息网络平台。（3）提高幼教从业人员的信息意识和信息技术水平。（4）积极推动和普及幼儿园网络平台的建设。

6 月，海淀区明天幼稚集团幼儿园实现学籍管理信息化，利用因特网连接，实现园所管理、班级管理、幼儿出勤、综合分析等方面数据汇总统计，减轻人工传递学籍信息、手动统计数据工作。

2009 年 4 月 23 日，市教委公布首批北京市学前教育信息化示范基地名单（22 所）：北京市第一幼儿园、东城区分司厅幼儿园、西城区棉花胡同幼儿园、北海幼儿园、崇文区第二幼儿园、宣武区槐柏幼儿园、朝阳区劲松第一幼儿园、海淀区明天幼稚集团、海淀区空直蓝天幼儿园、丰台区芳庄第二幼儿园、丰台区青塔幼儿园、石景山区实验幼儿园、通州区新城东里幼儿园、门头沟区幼儿园、延庆县第三幼儿园、昌平区机关幼儿园、怀柔区第二幼儿园、平谷区第二幼儿园、大兴区第二幼儿园、房山区长沟镇幼儿园、顺义区仁和幼儿园、密云区第四幼儿园。

4 月 24 日，市教委召开北京市学前教育信息化基地建设启动会，为第一批 22 个北京市学前教育信息化基地颁发标牌。

2010 年 4 月 23 日，市教委、西城区教委在棉花胡同幼儿园联合举办信息化基地建设现场会，交流幼儿园信息化建设经验。9 月 21 日，市教委发布《关于进一步加强学前教育信息化基地建设的通知》，提出加强学前教育信息化基地建设的原则：科学规划，适度超前；培训建设并举，重在应用；资源整合，兼容实用。加强学前教育信息化基地建设的要求：健康性、先进性、实用性、开放性、可靠性、安全性、经济性；同时要求专人管理维护，建立独立门户网站，开展信息化培训（见表 2–13）。

表 2–13　　2010 年北京市学前教育信息化基地建设参考指标一览表

序号	设备名称	规格与用途	数量	单位
一、机房环境				
1	防静电地板	防静电地板与标准地线必须良好接触	按需	套
2	标准地板	独立于市电和防雷地线	按需	套
3	网络供电	单独从大楼总配线箱提供	按需	千伏
4	不间断电源	标时	按需	千伏安
5	空调	确保机房设备工作于适当温度（25℃）	按需	台
6	温 / 湿度、烟感探测器	提高网络设备的使用寿命，防止事故隐患	1	套
说明：机房一般包括网络中心、设备间、子设备间、计算机网络教室等				
二、综合布线				
1	UTP 布线点	超 5 类或 6 类 4 对双绞线、模块、面板	按需	个
2	快速配线架	16、24 或 48 口配线架、理线架	按需	个
3	机柜	19 英寸标准机柜	按需	个
4	UTP 跳线	超 5 类或 6 类 4 对双绞线	按需	根
5	室外光纤	4 芯以上（根据距离选单模或多模）	可选	米
6	光纤配线箱	机架式（含光纤耦合器）	可选	个
7	光纤跳线	单模或多模	可选	对
说明：1. 计算机局域网中的双绞线可分为非屏蔽双绞线（UTP）和屏蔽双绞线（STP）两大类； 2. 以上光纤部分是指园内楼宇间可选择使用室外光纤进行连接				
三、教育城域网接入				
1	室外光纤	4 芯以上（根据距离选单模或多模）	按需	米
2	光纤配线箱	机架式（含光纤耦合器）	1	个
3	光纤跳线	单模或多模	1	对
四、网络设备				
1	核心交换机	千兆或高档百兆三层交换机	1	台
		千兆光纤模块	可选	个
2	二级交换机	中低档独立百兆交换机（支持 VLAN）	按需	台
		百兆上联光纤模块	可选	台
3	因特网接入设备	百兆光纤收发器（宽带接入）或路由器（广域接入）	1	台

续表 2-13

序号	设备名称	规格与用途	数量	单位
4	防火墙	软件或硬件版	可选	套
5	防毒墙	卡巴斯基、瑞星等	可选	套
6	无线接入点	54M 无线 AP	可选	台
说明：考虑到可能会有家长担心辐射问题，因此不建议幼儿园配备无线网络，即不建议购买无线 AP				
五、服务器				
1	文件服务器	根据用途	按需	台
2	应用服务器	根据用途	按需	台
3	数据库服务器	根据用途	按需	台
4	媒体服务器	根据用途	按需	台
说明：可根据应用需要配备 1 ~ 2 台服务器即可实现以上所有服务器的功能				
六、计算机				
1	台式机	根据用途	按需	台
2	笔记本	根据用途	按需	台
七、系统软件				
1	操作系统	Windows2003Server，中文版	按需	套
		WindowsXP，中文版	按需	套
		WindowsVista，中文版	按需	套
2	办公软件	Office2007	按需	套
3	杀毒软件	卡巴斯基、瑞星等，网络版	按需	套
八、应用软件				
1	门户网站	校园网群信息点网站	按需	套
2	视频幼儿园	视频幼儿园管理系统	可选	套
3	MIS 系统	幼儿园管理信息系统	可选	套
4	成长历程	幼儿成长历程管理系统	可选	套
5	家校互动	幼儿园家校互动平台	可选	套
6	教学资源库	幼儿园教学资源库	可选	套
7	门禁考勤	幼儿园智能门禁系统	可选	套
8	教学软件	根据用途	可选	套

说明：以上应用系统应总体规划、分阶段实施、逐步完善

第三章　保育和教育

中华人民共和国成立初期，幼儿园为家长参加工作、学习提供便利，肩负保育和教育功能。随着经济的发展和社会的进步，学前教育逐渐成为基础教育的重要组成部分，是学校教育和终身教育的奠基阶段，坚持保教合一，对幼儿实施体、智、德、美诸方面全面发展的教育，促进其身心和谐发展和富有个性的发展。

幼儿园的保育工作包括安全防护、卫生保健、饮食等各项工作，贯穿于幼儿一日生活各环节，目的在于培养幼儿良好的生活、学习、卫生等习惯，提高生活独立性，促进幼儿的身体健康和心理健康。保育工作主要由保育员、教师、医务人员等共同参与完成。

幼儿园的教育内容有一个从分科课程制到领域制过渡的过程。20 世纪 90 年代以前，幼儿园课程分成体育、语言等课程；90 年代后期，幼儿园教育内容逐渐分成健康、语言、社会、科学、艺术五个领域，将素质教育纳入幼儿园教育内容，同时针对教育内容的变化开展教材建设工作，市教委组织编写、推广《幼儿园快乐与发展课程》丛书；教育的主要手段以游戏为基本活动，寓教育于一日生活中。

第一节　培养目标

清末，北京地区蒙养院实施蒙养家教合一宗旨，蒙养院半属家庭教育。教会办幼稚园，受西洋幼稚教育家福禄贝尔和蒙台梭利教育思想影响，发展幼儿个性，注重幼儿身心和谐发展。民国时期，幼稚教育总目标是：增进幼儿身心的健康；谋取幼儿应有的快乐和幸福；培养人生基本的优良习惯（包括身体、行为等各方面的习惯）；协助并改进家庭教养。新中国成立后，规定幼儿园的任务是使幼儿的身心在入小学前获得健全的发育；同时减轻母亲对幼儿的负担，以便母亲有时间参加政治生活、生产劳动、文化教育活动等；培养幼儿基本的卫生习惯，注意其营养，锻炼其体格，保证幼儿身体的正常发育和健康；培养幼儿正确运用感官和语言的基本能力，增进其对于环境的认识，以发展幼儿的智力；培养幼儿爱国思想、国民公德和诚实、勇敢、团结、友爱、守纪律、有礼貌等优良品质和习惯；培养幼儿爱美的观念和兴趣，增进其想象力和创造力。20 世纪 80 年代，教育部《幼儿园教育纲要（试行草案）》提出实施体、智、德、美全面发展的教育，使其身心健康活泼地成长，为入小学和造就一代新人打好基础。

1990 年 2 月 1 日，北京市开始实施国家教委颁布的《幼儿园工作规程（试行）》，规定幼儿园是对三周岁以上学龄前幼儿实施保育和教育的机构，属学校教育的预备阶段。幼儿园的任务是实行保育与教育相结合的原则，对幼儿实施体、智、德、美全面发展的教育，促进其身心和谐发展。幼儿园同时为幼儿家长安心参加社会主义建设提供便利条件。保育和教育的主要目标是：（1）促进幼儿身体正常发育和机能的协调发展，增强体质，培养良好的生活习惯、卫生习惯和参加体育活动的兴趣。（2）发展幼儿正确运用感官和运用语言交往的基本能力，增进其对环境的认识，培养有益的兴趣和动手能力，发展智力。（3）萌发幼儿爱家乡、爱祖国、爱集体、爱劳动的情感，培养诚实、勇敢、好问、友爱、爱惜公物、不怕困难、讲礼貌、守纪律等良好的品德、行为、习惯，以及活泼、开朗的性格。（4）萌发幼儿初步的感受美和表现美的情趣。同日开始实施的《幼儿园管理条例》规定：幼儿园的保育和教育工作应当促进幼儿在体、智、德、美诸方面和谐发展；幼儿园应当贯彻保育与教育相结合的原则，创设与幼儿的教育和发展相适应的和谐环境，引导幼儿个性的健康发展；幼儿园应当保障幼儿的身体健康，培养幼儿的良好生活、卫生习惯；促进幼儿的智力发展；培养幼儿热爱祖国的情感以及良好的品德行为。

1996 年 6 月 1 日，国家教委修订的《幼儿园工作规程（试行）》正式实施，对幼儿园性质、任务的规定未变，对保育和教育的主要目标做了部分调整：第一条培养目标未变；第二条调整为“发展幼儿智力，培养正确运用感官和运用语言交往的基本能力，增进对环境的认识，培养有益的兴趣和求知欲望，培养初步的动手能力”；第三条将“诚实、勇敢、好问、友爱”调整为“诚实、自信、好问、友爱、勇敢”；第四条调整为“培养幼儿初步的感受美和表现美的情趣和能力”。

同年 6 月，市教委、市妇女联合会、北京市家庭教育研究会联合发布《北京市学前儿童家庭教育大纲（试行）》（3 ~ 6 岁），提出学前儿童教育要实行保教结合的原则，进行体、智、德、美全面发展的教育，促进孩子身心和谐发展。学前儿童家庭教育要通过家庭生活和家长的言传身教，着重于良好品德和行为习惯的培养。

1997 年，《北京市未成年人保护条例》（1997 年修订）规定：幼儿园、托儿所应当做好保育、教育工作，组织有利于幼儿健康成长的文化娱乐等活动，促进幼儿在体质、智力、品德等方面和谐发展。

1998 年 9 月，北京市试行《北京市幼儿园教育纲要（试行）》，细化幼儿园培养目标：促进幼儿身体正常发育和机能的协调发展，增强体质，培养良好的生活习惯和参加体育活动的兴趣；发展幼儿智力，培养正确运用感官和运用语言交往的基本能力，增进对环境的认识，培养有益的兴趣和求知欲望，培养初步的动手能力；增进幼儿积极的社会性情感，丰富社会生活经验，促进社会行为和交往能力的发展，培养良好的个性品质；培养幼儿初步的感受美和表现美的情趣与能力。

2001 年 7 月，北京市开始实施教育部《幼儿园教育指导纲要（试行）》，规定：幼儿园教育是基础教育的重要组成部分，是我国学校教育和终身教育的奠基阶段。城乡各类幼儿园教育应从实际出发，因地制宜地实施素质教育，为幼儿一生的发展打好基础。幼儿园应与家庭、社区密切合作，与小学相互衔接，综合利用各种教育资源，共同为幼儿的发展创造良好的条件。幼儿园应为幼儿提供健康、丰富的生活和活动环境，满足他们多方面发展的需要，使他们在快乐的童年生活中获得有益于身心发展的经验。幼儿园教育应尊重幼儿的人格和权利，尊重幼儿身心发展的规律和学习特点，以游戏为基本活动，保教并重，关注个别差异，促进每个幼儿富有个性的发展。

9 月 1 日，《北京市学前教育条例》正式执行，规定学前教育是国家教育事业的组成部分。开展学前教育应当贯彻国家的教育方针，对儿童实施体、智、德、美诸方面全面发展的教育，促进其身心健康与和谐发展。学前教育应当遵循学龄前儿童的年龄特点和身心发展规律，实行保育与教育相结合，以游戏为基本活动形式，寓教育于生活及各项活动之中。

2003 年 1 月，北京市开始执行教育部《关于幼儿教育改革与发展的指导意见》，规定摆脱“保姆式”的教育模式，防止“应试教育”的消极因素向幼儿教育渗透，全面实施素质教育。8 月，市教委制发《北京市贯彻〈幼儿园教育指导纲要（试行）〉实施细则》（2006 年重新修订），规定幼儿园教育总要求：幼儿园教育是基础教育的重要组成部分，是学校教育和终身教育的奠基阶段。幼儿园教育必须遵循幼儿身心发展规律，尊重幼儿的年龄特点和学习特点，以游戏为基本活动，保教并重，寓教育于生活及各项活动之中，关注个别差异，促进每个幼儿富有个性的发展。

2008 年 4 月 11 日，北京市教委、北京市人民政府教育督导室印发《北京市区县政府、教委、中小学校、幼儿园全面实施素质教育评价方案（试行）》，将幼儿园纳入实施素质教育评价体系，提出要坚持保教合一，以游戏为基本活动，体、智、德、美、身心和谐全面发展。

2010 年 11 月 21 日，《国务院关于当前发展学前教育的若干意见》提出防止和纠正幼儿园教育“小学化”倾向。

第二节 保教原则及组织实施

一、保教原则

按照北京市贯彻《幼儿园教育指导纲要（试行）实施细则》（2006 年），幼儿园教育的原则包括：

（1）尊重、热爱幼儿。坚持积极鼓励、启发诱导的正面教育，重情感教育。尊重幼儿的年龄特点和个体差异，满足幼儿在展过程中的各种需要，使每个幼儿在幼儿园生活中获得快乐、自信。

（2）实施整体教育，促进幼儿身心和谐发展。幼儿园教育具有启蒙性、全面性。对幼儿实施的体、智、美诸方面的教育应该相互渗透，有机结合；要合理地、综合地组织各领域的教育内容，注意各方面内容的相互融通。科学安排、合理组织幼儿一日生活中的各项活动，寓教育于一日生活之中，发挥一日生活的整体教育功能。与家庭和社区密切合作，使各方面的教育形成合力。

（3）面向全体幼儿，关注个体差异。尊重幼儿身心发展的规律和个体差异，根据幼儿不同的发展水平、已有经验及学习方式，选择有效的活动内容、形式和方法，使每个幼儿都有充分活动和表现的机会。关注有特别需要的幼儿，并给予积极的支持和帮助，促进每个幼儿富有个性地发展。

（4）坚持保教并重。幼儿园的各项活动都要注重幼儿生理和心理健康，保护幼儿的生命安全，培养幼儿良好的生活卫生习惯和生活自理能力。教师、保育员以及其他工作人员要密切配合，将保育和教育融为一体，为幼儿的健康成长服务。

（5）以游戏为基本活动，通过多种活动促进幼儿发展。保障幼儿游戏的权利，为幼儿提供充足的游戏条件，尊重幼儿游戏的意愿，使幼儿在游戏中获得自身的满足和发展。要通过游戏和多种活动引导幼儿在与环境的接触中积极主动地感知、操作、探索、发现，并与他人交往，从中获取多方面的经验和能力。

（6）实施环境育人。创设与教育相适应的良好环境，为幼儿提供活动和表现的机会与条件。既要为幼儿营造一个丰富的、可感知的物质环境，更要为幼儿营造一个宽松、愉快的精神环境，使幼儿在与环境的相互作用中愉快、主动，身心和谐地发展。

二、组织与实施

按照北京市贯彻《幼儿园教育指导纲要（试行）实施细则》（2006 年），幼儿园教育组织与实施包括以下方面。

（一）教育环境

教育环境是幼儿生活环境中一切影响其发展的外部条件，它既包括幼儿生活的物质条件，又包括幼儿生活的精神环境。幼儿园提供的物质环境是指各种设备、配置（如玩具、教具、学具和各种材料等）以及园内的场地、自然景物等；幼儿园的精神环境是指由人际关系、文化观念等无形因素交织在一起形成的气氛或氛围。创设良好的教育环境是幼儿身心和谐发展的需要，对幼儿的身心发展具有积极的促进作用。

幼儿的发展是在与周围环境的相互作用中实现的，和谐的精神环境有利于幼儿心理建立安全感，产生愉快的心理感受；有利于调动幼儿活动的积极性，有利于促进幼儿身心健康发展，还有助于发挥幼儿个性和潜能。

幼儿园要因地制宜，勤俭节约，从本园的实际出发，充分利用自身的条件和现有资源，依据教育目标为幼儿提供充足的玩具与游戏材料，同时切忌高档装修、盲目模仿和相互攀比。

1. 物质环境

幼儿园的空间、设施、活动材料等，应有利于引发幼儿与周围环境之间积极的相互作用，支持幼儿的游戏和各种探索活动。

（1）充分并合理地利用幼儿园现有的活动空间。室内要空气新鲜，光线充足，家具、设备适合幼儿的身体发育特点，色彩和谐、简洁。玩具和材料开架摆放，便于幼儿自己取放。室外的场地、设施安全，在气候适宜的季节，尽量多利用室外空间开展活动，让幼儿有更多的机会沐浴新鲜空气和阳光，回归自然。

（2）各班环境应体现本班儿童的年龄特点与教育目标要求。设置不同的活动区，提供充足、不同类型、不同层次的玩具和材料，并视幼儿兴趣和发展的需要进行更新、补充和调整，注意利用废旧环保物品和自然材料引导幼儿进行探索活动。

（3）班级环境布置应与当前的教育内容相配合。引导幼儿主动参与环境的创设，使每个幼儿都有表现和表达的机会，在与环境的互动中获得发展。

（4）充分利用周围自然环境和社区的教育资源，扩展幼儿生活和学习的空间。

2. 精神环境

幼儿园和班级要形成和谐、温馨的心理氛围，使幼儿感到安全、轻松和愉快。

（1）教师以尊重、理解和接纳的态度对待每一位幼儿，形成平等、宽松和愉快的班级氛围。教师用适度声音对幼儿讲话，引导幼儿不大声喧哗，尽量避免各种噪声影响幼儿的情绪。

（2）幼儿同伴群体是宝贵的教育资源，是幼儿成长环境的重要组成部分。帮助幼儿建立良好的伙伴关系，在自由游戏和小组游戏活动中，鼓励幼儿积极主动与同伴交往，在交往的过程中学会分享、合作等行为方式，并获得积极的情绪体验。

（3）幼儿园的工作人员应相互尊重、相互配合，形成和谐的人际关系和良好的园所文化氛围，使幼儿受到潜移默化的影响。

（4）各项常规要求应有利于培养幼儿良好习惯，有利于引发、支持幼儿积极主动地参与活动，大胆进行探索。

（5）要吸引、鼓励幼儿充分使用班级中的各种物质材料，使这些材料最大限度地为幼儿发展发挥作用。

（二）一日生活

坚持保教并重，寓教育于一日生活之中，是实现教育目标的重要途径。一日生活包括作息制度和生活常规，详见本章第三节保育。

（三）教育组织形式

按照北京市贯彻《幼儿园教育指导纲要（试行）实施细则》（2006 年），教育活动的组织形式应根据内容的需要合理安排。采取集体、小组、个别形式进行，可以在室内、室外进行，活动时间可以视幼儿的兴趣以及天气等因素适当调整。注意教师直接指导活动和间接指导活动相结合。凡是幼儿能够自己探索的内容，采用间接指导的方法。教师直接指导的活动要能吸引幼儿积极参与，避免时间的隐性浪费。

在教育活动过程中，教师应成为幼儿学习活动的支持者、合作者和引导者：以关怀、接纳、尊重的态度与幼儿交往，耐心倾听，努力理解幼儿的想法和感受，支持、鼓励幼儿大胆探索与表达；善于发现幼儿感兴趣的事物、游戏以及偶发事件中的教育价值，把握时机，积极引导；随时关注幼儿在活动中的表现和反应，敏感地察觉他们的需要，及时以适当的方式应答，形成合作探究式的师生互动；尊重幼儿在发展水平、能力、经验和学习方式等方面的个体差异，关注特殊幼儿的需要，因人施教，努力使每一位幼儿都能获得满足和成功。

（四）幼儿园与家庭、社区的合作

1. 与家庭的合作

家庭是幼儿园的重要合作伙伴，与幼儿园共同担负着促进幼儿身心健康发展的重任。幼儿园是协助家长对幼儿进行教育的重要场所，应把家园合作教育纳入整体教育工作计划之中，本着尊重、平等、合作的原则，争取家长对幼儿园工作的理解和支持。按照北京市贯彻《幼儿园教育指导纲要（试行）实施细则》（2006年），家园合作的途径有：

（1）通过定期召开家长会、向家长开放半日活动等多种途径，让家长了解幼儿在园生活及发展情况，主动听取家长对教育工作的意见和建议。

（2）建立教师与家长联系制度。教师应根据每个幼儿及其家长的实际需要，采取适当的形式主动与家长沟通，共同研究教育幼儿的策略。

（3）利用家长的教育资源，丰富扩展教育内容。让家长了解本班的教育目标和教育内容，主动参与班级的教育活动。

（4）通过咨询、讲座、研讨、交谈、亲子活动、记录幼儿成长档案及网络互动等方式，引导家长树立正确的教育观念，掌握科学的育儿方法，优化家庭教育环境，提高家庭教育水平。鼓励家长相互学习，经常交流育儿经验。

2. 与社区的合作

社区是幼儿成长的重要环境，蕴含着丰富的教育资源。幼儿园应充分有效地利用所在社区的教育资源，扩展教育空间，丰富并深化教育内容。社区内的自然环境、人文景观、公共设施、普通劳动者以及公益活动等，都可以成为幼儿学习的内容。

幼儿园应利用自身的教育资源，面向社区学前儿童和家长开展多种形式的教育活动。如利用节假日向社区儿童开放园内活动设施，举办育儿知识讲座和咨询活动，开办亲子乐园、游戏小组、玩具共享站等。要将社区活动与园内的教育活动有机地结合起来，在促进幼儿发展的同时，为社区精神文明建设服务。

（五）入园适应与入学准备

北京市贯彻《幼儿园教育指导纲要（试行）实施细则》（2006年）对入园适应和幼小衔接做了规定：

幼儿园应引导家长帮助幼儿做好各方面的入园准备，共同进行幼儿入园的教育。可通过教师家访、亲子活动，使幼儿熟悉老师和小朋友，熟悉幼儿园。幼儿初入园的几周内，可以采取小时制、半日制以及其他灵活多样的形式，让幼儿逐步适应集体生活。对有特殊需要的幼儿，应当允许家长在园陪同一段时间，以减轻幼儿初入园时的分离焦虑。

幼儿园应与小学密切合作，为即将入学的幼儿做好入学准备，通过多种形式，如参观、访谈、主题活动等，帮助幼儿做好上小学的心理准备。

第三节　保育

幼儿园保育是保教人员为幼儿提供生存与发展的环境和物质条件，并给予精心照顾和培养，以帮助幼儿获得良好发育，逐渐增进其独立生活能力。保育工作包括对幼儿的身体、心理以及社会适应能力的保护和培养，根本目的是在活动中保护和促进幼儿的身体健康和心理健康。

一、保育工作规定

1990 年 2 月 1 日实施的《幼儿园管理条例》提出，幼儿园应当贯彻保育与教育相结合的原则，保障幼儿的身体健康，培养幼儿的良好生活、卫生习惯，同时提出了保育工作的范围：（1）卫生保健，“幼儿园应当建立卫生保健制度，防止发生食物中毒和传染病的流行”；（2）安全防护，“幼儿园应当建立安全防护制度，严禁在幼儿园内设置威胁幼儿安全的危险建筑物和设施，严禁使用有毒、有害物质制作教具、玩具”，“幼儿园的园舍和设施有可能发生危险时，举办幼儿园的单位或个人应当采取措施，排除险情，防止事故发生”；（3）饮食安全，“幼儿园发生食物中毒、传染病流行时，举办幼儿园的单位或者个人应当立即采取紧急救护措施”。

同日实施的《幼儿园工作规程（试行）》规定幼儿园的卫生保健工作：（1）幼儿园必须切实做好幼儿生理和心理卫生保健工作；严格执行卫生部颁发的《托儿所、幼儿园卫生保健制度》以及其他有关卫生保健的法规、规章和制度。（2）幼儿园应制定合理的幼儿一日生活作息制度。两餐间隔时间不得少于三小时半。幼儿户外活动时间在正常情况下，每天不得少于两小时，寄宿制幼儿园不得少于三小时，高寒、高温地区可酌情增减。（3）幼儿园应建立幼儿健康检查制度和幼儿健康卡或档案。每年体检一次，每半年测身高、视力一次，每季度量体重一次，并对幼儿身体健康发展状况定期进行分析、评价。应注意幼儿口腔卫生，保护视力。（4）幼儿园应建立卫生消毒、病儿隔离制度，认真做好计划免疫和疾病防治工作。幼儿园内严禁吸烟。（5）幼儿园应建立房屋、设备、消防、交通等安全防护和检查制度；建立食品、药物等管理制度和幼儿接送制度，防止发生各种意外事故。应加强对幼儿的安全教育。（6）供给膳食的幼儿园应为幼儿提供合理膳食，编制营养平衡的幼儿食谱，定期计算和分析幼儿的进食量和营养素摄取量。（7）幼儿园应保证供给幼儿饮水，为幼儿饮水提供便利条件。要培养幼儿良好的大、小便习惯，不得限制幼儿便溺的次数、时间等。（8）积极开展适合幼儿的体育活动，每日户外体育活动不得少于一小时。加强冬季锻炼。要充分利用日光、空气、水等自然因素，以及本地自然环境，有计划地锻炼幼儿肌体，增强身体的适应和抵抗能力。对体弱或有残疾的幼儿予以特殊照顾。（9）幼儿园夏季要做好防暑降温工作，冬季要做好防寒保暖工作，防止中暑和冻伤。

该规程还规定幼儿园教师严格执行幼儿园安全、卫生保健制度，指导并配合保育员管理本班幼儿生活和做好卫生保健工作；保育员负责本班房舍、设备、环境的清洁卫生工作；在教师指导下，管理幼儿生活，并配合本班教师组织教育活动，在医务人员和本班教师指导下，严格执行幼儿园安全、卫生保健制度；医务人员对幼儿身体健康负责，负责指导调配幼儿膳食，检查食品、饮水和环境卫生。

2003 年 8 月实施的《北京市贯彻〈幼儿园教育指导纲要（试行）〉实施细则》规定：保育员应当结合生活中的各个环节正面而积极地影响幼儿，与教师密切配合，使幼儿生活安全、快乐，活动主动、积极，身心得以健康发展。

二、生活常规

北京市于 1978 年制定《整日制幼儿园儿童生活作息制度》《寄宿制幼儿园儿童生活作息制度》，整日制幼儿园一日生活从 7:00 来园开始至 18:00（冬季）/18:30（夏季）离园结束，寄宿制幼儿园从 7:00 起床至 20:00（冬季）/20:30（夏季）结束。至 2010 年，北京市未制定全市幼儿园作息制度，由各幼儿园自行制定。其中，2003 年《北京市贯彻〈幼儿园教育指导纲要（试行）〉实施细则》规定：幼儿园制定生活作息制度，根据动静交替的原则，合理安排游戏、活动以及各生活环节的时间。两餐间隔时间不少于 3.5 小时。午睡时间，冬季 1.5 ～ 2 小时，夏季 2 ～ 2.5 小时。户外活动时间每天不少于 2 小时（寄宿制幼儿园不少于 3 小时），其中，体育或体能活动时间不少于 1 小时。幼儿室内室外的自由游戏和自主活动时间不少于 2 小时（见表 3–1）。执行作息制度要注意稳定性和灵活性相结合，注意秩序观念的培养和对个体差异的照顾，不强求一律。

表 3–1　　2010 年房山区幼儿园秋冬季幼儿作息时间一览表

环节	活动内容	小班	中班	大班
来园	晨检、早锻炼	7：20 ~ 7：55	7：20 ~ 7：55	7：20 ~ 7：55
早餐	如厕、洗手	7：55 ~ 8：30	7：55 ~ 8：30	7：55 ~ 8：30
	进餐、漱口			
室内活动	区域活动	8：30 ~ 9：30	8：30 ~ 9：45	8：30 ~ 10：00
	集体教育活动			
	如厕、洗手、喝水、穿衣			
户外活动	间操、集体分组活动、分散活动	9：30 ~ 10：00 10：00 ~ 10：40	9：45 ~ 10：30	10：15 ~ 11：15
室内活动	室内自选游戏、早期阅读	10：40 ~ 11：10	10：30 ~ 11：25	11：15 ~ 11：30
午餐	饭前安静活动、洗手	11：10 ~ 12：00	11：25 ~ 12：00	11：30 ~ 12：00
	进餐			
	刷牙、散步			
午睡	有顺序脱衣服、叠衣服	12：00 ~ 14：00	12：00 ~ 14：00	12：00 ~ 14：00
室内活动	起床、午检、整理	14：00 ~ 15：00	14：00 ~ 15：00	14：00 ~ 15：00
	午点			
	自选活动、如厕、洗手、喝水			
户外活动	集体分组活动、分散活动	15：00 ~ 15：45	15：00 ~ 15：45	15：00 ~ 15：45
室内活动	室内自选游戏、特色课程	15：45 ~ 16：25	15：45 ~ 16：25	15：45 ~ 16：25
晚餐	如厕、洗手	16：30 ~ 17：00	16：30 ~ 17：00	16：30 ~ 17：00
	进餐			
离园	带好衣物	17：00 ~ 17：30	17：00 ~ 17：30	17：00 ~ 17：30

1978 年，市教育局制定《北京市幼儿园儿童生活管理和卫生保健工作的几项要求（试用）》，幼儿一日生活常规包括起床（寄宿制）、早操、如厕、盥洗、值日生工作、进餐、作业（上课）、喝水、游戏及户外活动、睡眠、来园 / 离园（日托制）。至 2010 年，北京市未制定全市幼儿园一日生活常规，由各幼儿园自行制定。其中，2003 年《北京市贯彻〈幼儿园教育指导纲要（试行）〉实施细则》规定：从实际出发建立必要的、合理的生活常规，包括来园、离园、锻炼、进餐、睡眠、盥洗和如厕等生活环节；在一日生活的组织中，应珍惜幼儿时间，关注幼儿活动的有效性，尽量减少不必要的集体行动和过度环节，减少幼儿消极等待现象；在培养幼儿良好生活习惯的同时，注重培养幼儿的自理能力，引导幼儿自我管理，防止包办代替（见表 3–2）。

表 3–2　　2002 年平谷区幼儿园一日活动常规指导一览表

项目	幼儿活动常规要求
入园	主动向教师、小朋友及其他工作人员问好，并与家长再见
晨检	1. 接受教师的晨检。2. 将自己的衣物整齐地叠放在固定地方（小班幼儿由教师帮助）。3. 用淡盐水漱口

续表 3-2

项目	幼儿活动常规要求
劳动	主动做好值日工作：擦桌椅，整理各活动区，给自然角的植物浇水等
自由活动	1. 自由选择活动内容并安静游戏。2. 同伴间友好相处，互助谦让，爱护物品。3. 说话、走路、拿东西注意“三轻”。4. 玩具玩完后放回原处并摆放整齐（小班幼儿由教师帮助）
如厕	1. 幼儿有秩序大小便，不推挤。2. 不往便池内扔异物。3. 不在厕所内打逗。4. 便后迅速离开。5. 便后用肥皂和流动水洗手。6. 及时关紧水龙头
进餐	1. 安静入座，等待进餐。2. 正确使用餐具。3. 文明进餐，细嚼慢咽，不挑食，保持桌面干净。4. 饭后把餐具放在指定地点。5. 餐后擦嘴，用温水漱口
散步	1. 按教师的要求去散步。2. 学会有目的地观察周围事物。3. 用恰当的语言描绘所观察事物的主要特征
早操	1. 按教师要求排队（小班由教师帮助）。2. 精神饱满地听口令或音乐做操。3. 动作认真，姿势正确
教育活动	1. 坐姿端正，积极参与教育活动，愉快地感知和操作。2. 积极思考，大胆回答教师提出的问题。3. 遵守集体活动的纪律。4. 学习用品使用后放回原处并摆放整齐
喝水	安静喝水
活动区活动	1. 积极参加各种游戏活动并按规则进行。2. 与同伴友好相处，积极合作，不争不抢玩具。3. 活动结束后，把玩具放在指定地点并摆放整齐
户外游戏	同上
午饭	同早餐
散步	同上午
午睡	1. 独立有序脱衣裤和鞋，整理好放在固定地方。2. 安静就寝，姿势正确。3. 遵守睡眠室纪律，轻声走路，上下床时不大声讲话
起床	1. 独立有序穿衣裤和鞋（小班由教师帮助）。2. 学会整理床铺（小班由教师帮助，中班在教师指导下整理，大班自己整理）
午点	1. 细嚼慢咽，不要浪费。2. 把吃完的果核皮放在指定地点
活动区活动	1. 积极参加各种游戏活动并按规则进行。2. 与同伴友好相处，积极合作，不争不抢玩具。3. 活动结束后，把玩具放在指定地点并摆放整齐
户外游戏活动	1. 积极参加各种游戏活动并按规则进行。2. 与同伴友好相处，积极合作，不争不抢玩具。3. 活动结束后，把玩具放在指定地点并摆放整齐
晚餐	同中午
离园	1. 认清家长可以离园，不认识的人不能跟走。2. 带好自己的衣物，有礼貌地与教师和小朋友再见

第四节　教育内容及教材建设

一、教育内容

20 世纪 90 年代以前，幼儿园实行体育、语言和常识等分科课程；90 年代后期，幼儿园教育内容逐渐分成健康、语言、社会、科学、艺术五个领域，将素质教育纳入幼儿园教育内容。

1990 年 2 月 1 日，北京市开始试行国家教委颁布的《幼儿园工作规程（试行）》。该规程规强调体、智、德、美诸方面的教育应互相渗透，有机结合；合理地综合组织各方面的教育内容，并渗透于幼儿一日生活的各项活动中，充分发挥各种教育手段的交互作用；创设与教育相适应的良好环境，为幼儿提供活动和表现能力的机会与条件；以游戏为基本活动，寓教育于各项活动之中，一日活动的组织应动静交替；品德教育应以情感教育和培养良好行为习惯为主，注重潜移默化的影响，并贯穿于幼儿生活以及各项活动之中。虽然未提出具体课程，但根据其精神，幼儿园一日生活各项活动都是课程，环境也是课程重要组成部分。

1991 年 4 月 23 日，市教育局在中国工运学院幼儿园召开全市示范性幼儿园贯彻《幼儿园工作规程（试行）》现场会，介绍工运幼儿园为幼儿创设整洁、优美的物质环境，创设友爱、和谐的精神环境，创设自主、自由的活动环境，创设丰富多彩的学习环境，创设家园一致的教育环境的经验，要求各幼儿园把创设良好教育环境作为贯彻"规程"的具体工作抓好。会后，各示范幼儿园根据实际情况，因地制宜地创设物质环境，收到较好效果。

全市幼儿园贯彻国家教委《关于在幼儿园加强爱家乡、爱国家教育的意见》，东城区、西城区、宣武区、海淀区等区县教育局承担国家教委"幼儿园进行爱祖国、爱家乡教育意见"的课题验证工作，选取部分幼儿园按照文件提出的 9 条内容进行验证教育，结果表明对幼儿进行"双爱教育"是可行和必要的，应长期坚持。

1992 年 6 月，市教育局召开全市幼儿园"爱家乡、爱国家"教育工作会议，清华大学幼儿园、北京空军育翔幼儿园、崇文区安乐幼儿园、大兴县黄村镇中心幼儿园介绍通过一日活动萌发幼儿爱家乡、爱国家情感经验。

年内，市教育局实地检查 18 个区县实施《幼儿园工作规程（试行）》和《幼儿园管理条例》情况，各类幼儿园逐步转变重上课轻游戏的做法，注重保教结合，基本做到不使用小学一年级教材，不给幼儿布置家庭作业，不进行任何形式测验，不和小学生合班进行复式教学。

1993 年，北京市实施《幼儿园工作规程（试行）》取得效果。根据北京市教育局《关于执行〈幼儿园管理条例〉〈幼儿园工作规程（试行）〉情况的报告》，在幼儿一日生活中逐步打破教师中心、教材中心、课堂中心的教育模式。绝大多数幼儿园为幼儿创设沙地、水池、种植角。

1998 年 9 月，《北京市幼儿园教育纲要（试行）》将教育内容分成健康、语言、社会、科学、艺术五个领域，开始改变分科课程制。同年，按照《国家面向 21 世纪教育振兴行动计划》要求，开始在幼儿园中实施素质教育。

2001 年 5 月 30 日，北京市教委召开幼儿素质研讨会，总结素质教育经验，6 所幼儿园发言交流幼儿园、家庭、社区一体化教育经验，教师适宜教育行为研究与探讨，如何通过教育科研活动提高保教人员素质以及开展环境育人、提高幼儿素质的研究成果。

8 月 16 日，北京市教委办公室转发教育部《幼儿园教育指导纲要（试行）》。该纲要指出：幼儿园的教育内容是全面的、启蒙性的，可以相对划分为健康、语言、社会、科学、艺术五个领域，也可作其他不同的划分。各领域的内容相互渗透，从不同的角度促进幼儿情感、态度、能力、知识、技能等方面的发展。

2003 年 1 月 6 日，北京市教委启动“做中学”项目。该项目是教育部与法国科学院合作开展的科学教育改革实验。首先在 2 所幼儿园开展第一阶段实验研究。“做中学”科学教育的目标是让儿童有机会亲历探究自然奥秘的过程，使他们在观察、提问、设想、动手实验、表达、交流的探究活动中，体验科学探究的过程、建构基础性的科学知识、获得初步的科学探究能力，为促进儿童的全面发展、成长为具有良好科学素养的未来公民打下必要的基础。

8 月，市教委印发《北京市贯彻〈幼儿园教育指导纲要（试行）〉实施细则》，2006 年重新修订。该细则规定：幼儿园教育的内容是广泛的、启蒙性的，可按照幼儿学习活动的范畴相对划分为健康、社会、科学、语言、艺术五个方面，还可按其他方式作不同的划分。各方面的内容都应发展幼儿的知识、技能、能力、情感、态度等。具体展开五大方面内容是：

健康教育的目的是保护幼儿的生命和促进幼儿的健康，提高幼儿期的生活乃至生命的质量。幼儿园健康教育要根据幼儿身心发展的特点，通过适宜有效的多种活动，提高幼儿的健康认识水平，改善幼儿的健康态度，培养幼儿的健康行为，最终幼儿养成健康的生活方式。健康教育包括：心理健康与社会适应、生活卫生习惯、安全教育、营养教育、人体的认识与保护、运动与健康等内容。健康教育的目标是：（1）身体健康，在集体生活中情绪稳定、愉快；（2）生活、卫生习惯良好，有基本生活自理能力；（3）知道必要的安全保健知识，学习保护自己；（4）喜欢参加体育活动，动作协调灵活。

语言领域旨在发展幼儿的语言理解和表达能力，培养其良好的语言表达及阅读习惯。语言既是幼儿学习的重要内容，又是他们进行自我表达思维的工具。语言领域的目标是：（1）乐意与人交谈，讲话时自然、礼貌；（2）有良好的倾听习惯与相应的语言理解能力；（3）敢于当众讲话，能清楚地进行自我表达；（4）喜欢听故事、看图书，理解其中的内容，并有初步的阅读和书写能力；（5）学习和运用普通话。

社会教育旨在培养幼儿良好的社会性和自我概念。它通过幼儿园各种活动和一日生活各环节使幼儿初步了解社会，掌握社会行为规范和行为技能，发展幼儿对自己和他人的积极态度，以帮助幼儿适应社会生活。该领域的目标是：(1) 能主动参与各项活动，有信心；(2) 乐意与人交往，学习互助、合作和分享，有同情心；(3) 理解并遵守日常生活中基本的社会行为规则；(4) 能努力做好力所能及的事，不怕困难，有初步的责任感；(5) 爱父母长辈、老师和同伴，爱集体、爱家乡、爱祖国；(6) 初步了解社会常识。

科学教育注重儿童的情感态度和儿童探究、解决问题的能力，对提高儿童思维水平有特别重要意义。该领域目标：(1) 对周围的实物、现象感兴趣，有好奇心和求知欲；(2) 能运用各种感官，动手动脑，探究问题；(3) 能用适当的方式表达、交流探索的过程和结果；(4) 能从生活和游戏中感受事物的数量关系并体验到数学的重要和有趣；(5) 爱护动植物，关心周围环境，亲近大自然，珍惜自然资源，有初步的环保意识。

艺术领域包括音乐、美术、戏剧表演、环境和生活中的美好事物、文学、艺术作品等。该领域目标：(1) 能够感受并喜爱生活、环境和艺术中的美好；(2) 积极参加艺术活动，在活动获得愉快、丰富的情绪体验；(3) 能够大胆地用自己喜欢的方式进行艺术表现和创造，富有个性地表达自己的情感和体验；(4) 具有艺术活动的良好习惯。

五大领域目标对应的教育内容和要求按照 3 ~ 4 岁、4 ~ 5 岁、5 ~ 6 岁三个年龄段划分，各不相同（见表 3–3 至表 3–7）。

2008 年 3 月 21 日，北京市教委印发《关于在全市各级各类幼儿园开展“阳光体育活动”的通知》，附有工作方案、检查评估标准和教师组织幼儿户外体育互动评价标准，促使教师和幼儿每天坚持 2 小时户外活。此后，“阳光体育活动”在学前教育系统逐年开展。北京市教委以“阳光体育活动”为切入点，开展“健康”领域的探索。

4 月 11 日，市教委、教育督导室发布《北京市区县政府、教委、中小学、幼儿园全面实施素质教育评价方案》，附有评价指标体系，在幼儿园中督导素质教育实施情况。

至 2010 年，北京市幼儿园教育内容分成健康、社会、科学、语言、艺术五大领域，实施素质教育，从不同的角度促进幼儿情感、态度、能力、知识、技能等方面的发展。

表 3–3　　2006 年北京市幼儿健康领域教育情况一览表

领域目标	教育内容与要求		
	3 ~ 4 岁	4 ~ 5 岁	5 ~ 6 岁
一、身体健康，在集体生活中情绪安定、愉快	1. 通过适宜有效的活动，使幼儿情绪稳定，逐步适应幼儿园的生活，愿意来幼儿园。2. 以和蔼可亲的态度接纳幼儿，使幼儿感到温暖、安全，逐步建立起与教师的依恋关系。3. 关注幼儿的情绪变化，引导幼儿表达自己的情绪	1. 安排丰富多彩的一日活动，使幼儿感到心情愉快，喜欢幼儿园的集体生活。2. 建立必要、合理的生活常规和秩序，使幼儿能情绪稳定、有规律地生活。3. 关注幼儿的情绪，引导幼儿以合理的方式宣泄自己的情绪	1. 为幼儿提供宽松、支持的精神环境，使幼儿在多种活动中情绪安定、愉快。2. 关注幼儿的情绪，鼓励幼儿主动调节消极的情绪
二、生活、卫生习惯良好，有基本的生活自理能力	1. 与家庭密切配合，在轻松、愉快的气氛中，引导幼儿掌握基本的用餐方法，使用小勺独立进餐，喜欢吃健康的食物，养成经常喝水的习惯。2. 在日常生活中，逐步引导幼儿学习如厕，养成定时大便、不憋尿的习惯。3. 尊重幼儿的个体差异，逐步引导幼儿养成良好的睡眠习惯。4. 通过多种形式，引导幼儿掌握正确的洗手、洗脸方法，做到饭前便后洗手、饭后擦嘴与漱口，在教师和家长的帮助下学习早晚刷牙，使用自己的毛巾、水杯和清洁的手绢或纸巾	1. 创设轻松、愉快的进餐环境，逐步引导幼儿学习使用筷子；初步了解食物与人体健康的关系，能够接受各种健康的食物；能主动饮水。2. 培养幼儿正确的盥洗习惯，逐步学会自理大、小便。3. 教给幼儿擤鼻涕的正确方法，帮助幼儿知道打喷嚏、咳嗽不对人，形成良好的卫生习惯。4. 教育幼儿保持环境整洁，养成良好的公共卫生习惯。5. 鼓励幼儿积极接受体检和疾病的预防与治疗	1. 培养幼儿健康的饮食习惯，引导幼儿了解基本的营养知识，进餐时举止文明。2. 引导幼儿保持服装整洁，逐步学会气温的变化以及自己的冷热感觉主动增减衣
三、知道必要的安全保健常识，学习保护自己	1. 随时关注幼儿的情绪状态，鼓励、教育幼儿知道身体不舒服时告诉成人，配合医务人员进行预防接种。2. 随时关注并教育幼儿不用脏手揉擦眼睛，不将异物放进嘴、鼻、耳里。3. 教育幼儿知道外出时不离开成人。不接受陌生人给的东西，不跟陌生人走。4. 教育幼儿不做危险的事情，知道不攀爬阳台，不玩火，不动电源、开水壶、煤气灶等。5. 引导幼儿有秩序地上下楼梯以及玩大型运动器械	1. 运用多种方法帮助幼儿记住父母的姓名、幼儿园的名字、家庭住址或电话，知道与成人失散时不乱走，找现场工作人员或民警帮忙。2. 在游戏、生活中引导幼儿既学会保护自己不受伤害，也要注意不伤害他人。3. 引导幼儿在遇到危险时知道躲避，会呼喊求救。4. 结合周围生活环境，认识常见的安全标志，教育幼儿不去危险的地方。5. 与家庭密切配合，引导幼儿了解并注意交通安全，不在马路上玩耍、乱跑，要在成人的带领下过马路	1. 引导幼儿初步了解身体主要部位的功能及保护方法。2. 结合体育活动，引导幼儿了解基本的运动卫生知识，知道剧烈运动后不立即停止、不马上饮水等。3. 培养幼儿的饮食安全意识，不吃腐烂、变质、过期的食品。4. 在日常生活中引导幼儿学会安全地使用易于操作的劳动工具和用具。5. 与家庭密切配合，利用生活中的事件丰富幼儿的安全常识，教育幼儿不攀爬窗户，在可能遇到危险或发生意外时，掌握简单的自护和求救的方法。6. 与家庭密切配合，教育幼儿遵守交通规则，行路时要走人行道或靠路边行走，乘车时不把头、臂伸出窗外
四、喜欢参加体育活动，动作协调灵活	1. 充分利用多种自然物、运动游戏材料开展多样化的体育活动，培养幼儿参加体育活动的兴趣，感受运动游戏的愉快。2. 引导幼儿做模仿操，培养幼儿做操的兴趣。3. 通过幼儿感兴趣的方式，在走、跑、跳、投、钻、爬、攀登的游戏中，能平稳地控制自己的身体。4. 鼓励幼儿玩球、包、小车等多种中、小型运动器材	1. 鼓励幼儿积极地参加体育活动，不怕困难。2. 通过幼儿感兴趣的方式，引导幼儿做简单的徒手操或轻器械操，培养幼儿做操的兴趣。3. 在多种运动游戏中，引导幼儿体验走、跑、跳、推、拉、钻、投掷、攀爬、侧滚、旋转等不同的运动方式，能较灵活地控制身体运动的方式。4. 鼓励幼儿探索轮胎、布袋、纸箱、平衡木等物品及多种运动器材的玩法	1. 引导幼儿积极主动参加体育活动，养成自主、合作、勇敢、不怕困难的良好品质。2. 引导幼儿理解运动与健康的关系，帮助幼儿养成积极锻炼身体的习惯，并逐步提高幼儿对寒冷、炎热的适应能力。3. 通过简单的队列、队形变换、基本体操和共同游戏，培养幼儿的团队合作意识和协同能力。4. 在多种运动游戏中，体验走、跑、跳、踢、滚、转、推、拉、掷远、掷准、抛接、攀爬等不同的运动方式，能灵活协调地控制身体。5. 支持幼儿创造性地进行身体活动，根据活动场地和运动器材的特点，恰当地选择运动方式，主动探索多种玩法

表 3-4 2006 年北京市幼儿语言领域教育情况一览表

领域目标	教育内容与要求		
	3～4岁	4～5岁	5～6岁
一、乐意与人交谈，讲话时自然、礼貌	在生活中鼓励幼儿愿意用语言与人交往，喜欢应答	1. 鼓励幼儿主动用语言与他人交往，大胆运用词汇，体验语言交流对自己的意义。2. 引导幼儿有礼貌地与人交流	引导幼儿会发起会话，鼓励幼儿自然、有礼貌地与人交谈，能大胆地运用各种语言表达方式清楚连贯地表述自己的想法、做法和愿望
二、有良好的倾听习惯和相应的语言理解能力	1. 引导幼儿注意倾听他人讲话。2. 帮助幼儿听懂日常生活用语，并能作出相应反应	1. 引导幼儿注意倾听和理解日常生活用语、成人要求、儿童文学作品与其生活经验相关的语言信息。2. 引导幼儿知道从图书、电视、电脑、广播、口头交谈等途径得到信息，从中获得知识和感受快乐	引导幼儿能有意识地注意倾听，能听懂所接受的语言，理解对话和儿童文学作品的主要意思
三、敢于当众讲话，能清楚地进行自我表达	引导幼儿用语言、肢体等表达需求	1. 鼓励幼儿愿意表达自己的各种感受和想法，喜欢提问，积极回答问题。2. 创造机会鼓励幼儿敢于在人多的场合下自然、大方地讲话	1. 鼓励幼儿当众表达，表达时自然、从容、自信。2. 引导幼儿围绕一个话题讨论，鼓励幼儿提出问题、发现问题，积极回答问题，并做到轮流发言，理解并尊重别人观点。3. 帮助幼儿在充分感知的前提下，能初步整理自己已有的感知经验，发现事物的简单规律，并用语言表达出来
四、喜欢听故事、看图书，理解其中内容，并有初步的阅读、书写能力	1. 用适当方式吸引幼儿喜欢听故事、儿歌，理解大意。引导幼儿跟读儿歌、复述故事一部分或短小的故事。2. 吸引幼儿喜欢和成人一块看图书，并愿意自己看熟悉的、感兴趣的图书。3. 引导幼儿一页一页地翻看图书；鼓励幼儿发现、指认、讲述画面中感兴趣的人或物。4. 萌发幼儿爱护图书意识，初步学习收放图书。5. 在绘画、涂色等活动中鼓励幼儿学习正确握笔方法	1. 吸引幼儿喜欢阅读图书，从阅读活动中体验快乐，愿意与别人交流自己感受。2. 引导幼儿从前至后阅读，认真观察和理解画面内容，了解故事情节线索，认识页码。3. 引导幼儿喜欢听儿童文学作品，会复述故事、续编故事；学习和仿编诗歌。4. 引导幼儿有序地收放图书，知道爱惜图书。5. 在绘画、操作等活动中，提高对笔的控制能力，坐姿正确。6. 引导幼儿认识自己的名字	1. 引导幼儿专心阅读，能想象、理解画面内容，并能用语言讲述画面内容和故事情节，会用绘画、手工制作、表演等形式表达对作品的体验和理解。2. 引导幼儿在阅读过程中不打扰他人，爱护图书，会修补图书。3. 引导幼儿会讲故事，会用自己的语言复述故事，会仿编、创编诗歌和进行创造性讲述，会用多种形式表现和保留自己的作品。4. 引导幼儿喜欢阅读各类能理解的图书及其他图文信息，能利用图书、电脑等途径，发现与学习内容或感兴趣事物相关的信息，学习初步收集和使用信息。5. 引导幼儿认识标记、符号、文字的兴趣和愿望，能尝试用图示、符号、辅助材料和其他方式简单记录日常生活经验，并用相应的语言讲述。6. 引导幼儿书写文字的兴趣和愿望，能用正确的笔顺写名字，知道书写和阅读的顺序是从上到下、从左到右。7. 通过绘画、制作、编织等活动发展幼儿精细动作，学习正确使用铅笔
学习和运用普通话	引导幼儿逐步学说普通话	在日常生活和活动中鼓励幼儿正确运用普通话	—

表 3-5 2006 年北京市幼儿社会领域教育情况一览表

领域目标	教育内容与要求		
	3 ~ 4 岁	4 ~ 5 岁	5 ~ 6 岁
一、能主动参与各项活动，有自信心	1. 创造机会，使幼儿使用自己的姓名，知道自己的性别、年龄。2. 鼓励幼儿自己选择活动，做自己能做的事情，如穿脱衣服、收放玩具等，从而感受独立做事的快乐和满足，对自己有信心	1. 通过谈话、对比等方法，使幼儿感受自己在长大，能做许多事情，体验自我价值感。2. 允许幼儿自己选择活动主题，学习制订活动计划。支持幼儿努力解决活动中遇到的问质，实现自己的计划，获得成功的感受，体验自尊自信	1. 创设开放性环境，支持幼儿实现自己的想法、愿望和活动计划，使幼儿获得成功的体验，从而增强自尊、自信。2. 根据幼儿的个体差异，有针对性地为每个幼儿提供表现自己长处的机会，增强其自信心，从而带动其全面发展
二、乐意与人交往，学习互助、合作和分享，有同情心	1. 在日常生活中采用示范的方法，使幼儿学会使用简单的礼貌用语与成人打招呼。2. 鼓励幼儿与同伴交往，知道同伴的名字，并创造条件，使其初步学习与同伴分享玩具和图书	1. 引导幼儿知道自己有别人不同的兴趣爱好和想法，懂得尊重别人的意见。2. 鼓励幼儿积极主动与同伴交往，会使用礼貌用语，初步学会轮流、分享、谦让、互助与合作，并能尝试解决游戏及生活中出现的问题。3. 捕捉教育契机，培养幼儿对人、对动物的同情心	1. 引导幼儿理解、关心他人的情绪、情感，能主动关心和安慰他人。2. 创设条件，使幼儿主动、友好地与他人交往，体验分工、互助、合作的快乐和意义，掌握交往技能，能独立解决交往中的问题。3. 培养幼儿豁达、乐观的性格，能接纳、原谅别人
三、理解并遵守日常生活中基本的社会行为规范	1. 利用生活环节（如盥洗、如厕等），引导幼儿学习轮流，体验规则的作用，初步养成遵守规则的意识。2. 教育幼儿不侵犯别人，用适宜的行为与同伴交往（如不打人、不咬人、不抓人等），能判断一些简单行为的对与错	1. 创设机会，使幼儿体会规则在各种活动中的意义，形成初步的规则意识，学会控制自己的情绪和行为。2. 引导幼儿学会简单地评价自己和他人的行为，能初步判断某些行为的对与错，做错了事能承认，并愿意改正	1. 帮助幼儿获得控制自己情绪和行为的技能，增强遵守规则的能力。2. 通过讨论、体验等方法，使幼儿理解和遵守与他们关系密切的社会行为规范，能够做到初步自律，有初步的社会公德意识。3. 通过幼儿园的日常生活使幼儿形成良好的行为习惯
四、能努力做好力所能及的事，不怕困难，有初步的责任感	1. 在幼儿遇到挫折、困难时，鼓励其不要害怕，会寻求帮助。2. 在教师的鼓励和帮助下，使幼儿能坚持做完一件事，获得成功	1. 鼓励幼儿做自己力所能及的事（如收拾玩具、整理被褥、擦桌椅等），养成初步的独立意识。2. 给幼儿创造为他人服务的机会和条件（如学做值日生等），逐渐培养其责任感	1. 在日常生活的多种活动中，注意抓住幼儿遇到挫折的时机，有意识地加以引导，培养幼儿抗挫折能力。2. 在活动中通过讨论使幼儿明确自己的任务，做事认真、有始有终，形成初步的责任感。3. 创造多种机会和条件，引导幼儿能主动为集体、他人做事
五、爱父母长辈、老师和同伴，爱集体、爱家乡、爱祖国	1. 开展丰富多彩的活动，使幼儿喜欢来幼儿园、喜欢老师和同伴，并逐步适应幼儿园的集体生活。2. 让幼儿记住父母的姓名，了解他们喜欢做的事，感受他们对自己的爱，知道不打扰父母的工作和休息。3. 引导幼儿认识经常接触的成人，感知他们对自己的关爱，初步懂得尊重为自己服务的人	1. 创设平等、和谐、友善的人际环境，使幼儿体验与老师和同伴在一起的快乐，热爱幼儿园的集体生活。2. 引导幼儿关注父母和其他亲人的兴趣爱好，感受他们对自己的爱，会用简单的方式表达自己对他们的爱。3. 鼓励幼儿认识经常为我们服务的人（如医生、售货员、司机、炊事员、保育员、保健员等），知道尊重他们和珍惜他们的劳动成果。4. 创造机会，使幼儿了解北京的风景名胜、饮食文化等，引导幼儿用自己喜欢的形式表达对北京的热爱。5. 使幼儿知道自己是中国人，认识并尊重国旗、国徽	1. 通过不同层次的团体活动，培养幼儿的集体荣誉感。2. 通过家园配合，引导幼儿参观有益于他们发展的文化场馆（如科技馆、各类博物馆等），拓宽幼儿的视野。关注周围社会生活，了解和喜爱自己家乡的文化。3. 引导幼儿积极参加升旗活动，尊敬国旗，学唱国歌。4. 家园配合，使幼儿了解中国主要的风景名胜。5. 带领幼儿认识周围公共设施、公共场所及在那里经常为我们服务的人，尊重他们及他们的劳动，理解人们在相互服务

续表 3–5

领域目标	教育内容与要求		
	3 ~ 4 岁	4 ~ 5 岁	5 ~ 6 岁
六、初步了解社会常识	1. 利用实地参观等方法，引导幼儿认识幼儿园和家庭周围的环境 2. 结合生活经验，帮助幼儿认识几种常见的交通工具，如汽车、火车、飞机等。3. 开展丰富有趣的节日活动，使幼儿乐于参加	1. 使幼儿知道北京是中国的首都，是个国际化的大都市，并了解北京正在发生的大事。2. 可以用多种途径和手段，帮助幼儿了解世界上其他的国家和民族，知道他们有着不同的肤色、体态、服饰、语言和风俗，懂得要尊重他们的文化习俗。3. 引导幼儿了解常见交通工具的特点及其与人们生活的关系，认识常见的交通标志，知道要遵守交通规则。4. 利用实地考察等手段，使幼儿认识周围环境中的设施（如公园、商店、医院、邮局等）和常见标志，知道爱护周围的环境和公共设施。5. 在“六一”、中秋节、新年等节日中，开展丰富多彩的活动，引导幼儿初步知道节日的意义，让每个幼儿充分表现自己，感受节日的快乐气氛	1. 促使幼儿关注周围的环境状况，使幼儿体会环境与人类生存的关系，有初步的环保意识和节约资源意识。2. 通过多种媒介和活动，使幼儿了解中国是一个多民族、多文化的国家，懂得尊重少数民族和其他地区的风俗习惯。3. 鼓励幼儿在节假日设计、开展、参加丰富有趣的活动，感受浓厚的亲情、友情和民俗气氛。4. 引导幼儿认识常见标志、符号等，理解它们的作用。尝试自己为生活中的某些事物设计标志。5. 鼓励幼儿了解多种通信方法（如邮寄、打电话、网络通信等），知道通信与人们生活之间的关系。6. 带领幼儿参观小学，萌发喜欢上小学的愿望，做好进入小学的心理准备

表 3–6　2006 年北京市幼儿科学领域教育情况一览表

领域目标	教育内容与要求		
	3 ~ 4 岁	4 ~ 5 岁	5 ~ 6 岁
一、对周围的事物、现象感兴趣，有好奇心和求知欲	1. 抓住各种适宜的机会鼓励和满足幼儿喜欢探索的需要。2. 为幼儿简单的、自发的探究活动（如：敲打物体，将玩具、树叶等往器皿里放，看如何盛满；用棋子反复滚着玩等）创造与提供宽松的环境。3. 关注幼儿所关注的事物和现象，保护幼儿的兴趣和好奇心（如：幼儿关注流水，地上掉落的花籽、花瓣，地上的小洞等）。4. 引导和鼓励幼儿积极运用多种感官感知周围事物，使幼儿对常见事物、现象及其变化产生兴趣与探究的欲望。5. 在日常生活与游戏活动中引发幼儿对事物简单的数、量、形、时空等特征感兴趣和有好奇心	1. 鼓励幼儿主动观察、探索周围常见事物（动植物、人物、石、水、沙、泥等自然物和木块、布、塑料、纸）、现象（天气、颜色变化、沉浮、磁铁吸铁等）以及变化的简单规律，并从中体会到愉快。2. 支持幼儿对身边的常见事物、现象大胆猜想和主动探究。3. 引导幼儿主动感知生命、亲近自然，有好奇心和求知欲。4. 支持和鼓励幼儿与他人分享观察、探索的乐趣。5. 在日常生活和游戏中，激发幼儿对数学活动的兴趣，帮助幼儿建立初步的自信心	1. 通过观察和欣赏等各种活动，引导幼儿体会大自然的美与奇妙（色彩缤纷、自然形态、数量化特征等），热爱大自然。2. 通过多种活动，引导幼儿体验探索、发现的快乐，并从中获得自信。3. 培养幼儿爱思考、爱提问、积极回答问题的良好习惯。4. 引导幼儿在观察、比较、探究以及解决问题的过程中养成细心、专心、耐心、坚持、不怕困难等品质。5. 鼓励幼儿主动感知生命、亲近自然，有好奇心和求知欲。6. 支持和鼓励幼儿与他人交流，尊重他人的观点和经验，分享探索和发现的快乐。7. 鼓励、支持幼儿主动参加科学小实验，喜欢猜想与动手操作尝试。8. 培养幼儿对科学的兴趣和对科学家的崇敬。9. 通过照料动植物的活动，培养幼儿的责任感

续表 3–6

领域目标	教育内容与要求		
	3 ~ 4 岁	4 ~ 5 岁	5 ~ 6 岁
二、能运用各种感官，动手动脑，探究问题	1. 提供丰富的材料与环境，使幼儿通过感知、摆弄所能接触到的事物，体验事物最明显的特征（外形、颜色、功能）。2. 引导幼儿初步感知和探究物体的特征（如：大小、颜色、形状、软硬、粗糙、光滑、滚、转、停等）及人们对物体的作用方式（如推、拉等）。3. 引导幼儿初步知道常见生活用品的用途及与人的关系。4. 引导幼儿初步感知沙、水的特性，体验事物特征，如多少等简单的量的特征	1. 有目的地引导幼儿观察周围常见事物，能对某些事物进行比较、连续地观察，能发现事物或现象的差异和变化。2. 支持鼓励幼儿用各种常见材料（纸、木、布、塑料、颜料、废旧材料等）和工具（剪刀、尺子、漏斗、筛子、各种容器等）进行简单的尝试和探索。3. 引导幼儿能认识较多的和常见的科技生活用品（微波炉、榨汁机、录音机、洗衣机、空调等），并能初步知道这些用品对人们生活的作用。4. 引导幼儿感知磁铁、石头、泥土、空气等的特性及颜色的变化、物体的溶解和沉浮等现象，并能根据某些现象进行初步的猜想。5. 引导幼儿运用比较的方法进行科学活动，感受比较的过程和结果，获得初步的比较能力	1. 为幼儿提供参加科学小实验的机会，引导他们学会初步地选择和使用与实验探究有关的材料（如：铁、塑料、布、干电池等）与工具（如：温度计、量杯、天平、放大镜、尺子等），在实验中积极思考与尝试。2. 设置情境和提供机会，支持、鼓励幼儿提出问题、积极猜想、收集信息、尝试实验和解决问题。3. 在日常生活中，鼓励幼儿通过连续观察探究事物变化的简单原因和规律，尝试学习简单的推理，发展思维能力。4. 利用生活中各种机会引导幼儿了解风、电、水、太阳等对人的益处和危害，初步体会事物的两面性。5. 在各种活动中，支持、鼓励幼儿感知和主动探索可接触的简单的物理现象，喜欢玩声、光、电、磁、颜色变化、物体沉浮等的游戏，体会周围事物、现象的特点和变化规律，发现事物之间的关系。6. 鼓励幼儿仔细观察物体的相同点、不同点、结构及发生的变化，进行记录。7. 在生活和各种活动中，引导幼儿学习使用常用工具（如：订书器、打孔器、曲别针、涂胶器、小锤子等），体会人的聪明与智慧，并能积极地进行大胆想象。8. 引导幼儿认识常见科技生活用品（VCD 机、CD 机、烤箱、电脑等），初步知道其功能及用途，能对简单的用品进行操作，并能初步理解科技给人们生活带来的正面与负面的影响。9. 引导幼儿连续观察生物的生长变化特点和规律，发现引发生物变化的基本条件。10. 在收集、设计和连接活动中，引导幼儿会选择所需要的工具和适当的方法。11. 引导幼儿观察生物、物体、事件的特征，建立各特征之间的联系
三、能用适当的方式表达、交流探索的过程和结果	1. 当幼儿对周围事物现象（动植物生长、天气变化、物理现象等）、特征以各种表情、身体动作及声音表现出好奇和兴趣时，给予保护和支持。2. 有充分的机会使每个幼儿可以用多种形式（语言、动作、艺术形式等）自由表达自己的感知以及操作活动中的感受和发现	1. 创造各种机会，鼓励幼儿大胆提出问题。2. 引导幼儿学习用多种方式表现、交流和分享探索与发现的过程与方法。3. 为幼儿参加小组讨论及探索创造条件，初步培养幼儿合作的意识和能力。4. 鼓励幼儿使用表示比较的语言，如：更长、更短、更轻、更重等	1. 鼓励幼儿尝试用多种方式发表自己真实的发现、感受、探索的过程和经验等。2. 支持、鼓励幼儿在科学活动中敢于表达自己的真实想法与看法。3. 为幼儿学习用多种方法（实物记录、录音、绘画、模型、照片等）对感兴趣的事物进行记录和交流提供各种条件。4. 引导幼儿积极参加小组讨论和探索，培养幼儿合作学习的意识和能力，学习用多种方式（语言、图画、动作等）表现、交流、分享探索的过程和结果

续表 3–6

领域目标	教育内容与要求		
	3 ~ 4岁	4 ~ 5岁	5 ~ 6岁
四、能从生活和游戏中感受事物的数量关系并体验到数学的重要和有趣	1. 提供丰富的材料与环境，使幼儿感知操作所能接触到的事物。2. 支持鼓励幼儿发现环境中图形的相似之处，进行初步而简单的求同和分类活动。3. 提供丰富的材料与环境，使幼儿通过感知、操作比较 2 ~ 3 个物体间常见量（如大小、长短、厚薄等）的差别。4. 提供成双成对的物体，帮助幼儿通过操作摆弄体验物体的对应关系。5. 在日常生活与游戏活动中，利用环境和提供丰富的材料，引导幼儿用对应的方法体会物体数量的多与少（4 个物体以内）。6. 提供丰富的材料与环境，使幼儿通过感知、操作进行比较、排序等数学认知活动。7. 利用各种机会，支持鼓励幼儿点数 5 个以内的物体，初步感知理解 5 个以内物体的量。8. 在各种活动中引导幼儿感知体验"1"和"许多"及它们的关系。9. 通过与物体的相互作用，引导幼儿感知圆形、正方形、三角形。10. 在日常生活中有目的地让幼儿感知、认识白天、黑夜、早晨、晚上。11. 在生活和游戏中引导幼儿正确辨别上下等方位，运用表示空间的语言（在……上面）。12. 引导幼儿使用简单的数学词汇和语言：如有关多少的词"一样多""少""许多""1 个"等	1. 在日常生活和游戏中，引导鼓励幼儿尝试学习按一个维度对常见事物进行分类，并进行计数。2. 引导幼儿在较多的机会中接触物体粗细、高矮、厚薄、轻重等常见量，感知其特征、进行分类。3. 在日常生活和游戏中，引导幼儿尝试学习对 5 ~ 10 个物体按量的差异进行排序，初步理解序列的规律。4. 在日常生活和游戏中，引导幼儿初步理解序数的含义，并能在实际活动中为幼儿提供简单使用或运用的机会。5. 在日常生活和游戏中，引导幼儿学习按简单的模式（如：大熊、小熊、大熊、小熊……）进行循环排序。6. 充分利用各种机会，引导幼儿探究和感知长方形、半圆形、椭圆形，并进行分类。用合适的图形拼成代表模型或更复杂的图形。7. 提供各种机会，为幼儿初步体会常见几何图形之间简单的转换关系创造条件。8. 提供各种途径引导幼儿学会手口一致地点数 10 以内物体，说出总数。9. 在日常生活和游戏中，引导幼儿认读 10 以内阿拉伯数字，初步理解 10 以内数的意义。10. 利用日常生活和游戏，引导幼儿初步感知 10 以内物体数量的守恒（不受大小、排列形式等因素的影响）。11. 利用各种机会，为幼儿了解 10 以内数中相邻数之间的关系创造较多的条件。12. 在日常生活和游戏中，引导幼儿体验和理解昨天、今天、明天的含义，正确辨认前、后方位。13. 引导幼儿对测量的兴趣，进行非标准化的自然测量活动与尝试。14. 鼓励幼儿运用正在发展的数学观念和方法解决生活和游戏中问题。15. 鼓励幼儿在日常生活与活动中，使用相关的数学语言：如："一份""一些""5 条""你见过这样的形状吗？"等	1. 支持、鼓励幼儿选取合适形状的物品组成特定的模型。2. 利用和创设各种条件，鼓励幼儿通过测量发现和比较物体的异同和发展变化。引导幼儿学习用多种方法对感兴趣的事物进行记录、统计和自然测量。3. 在操作活动中，引导幼儿感知、理解事物的整体与部分之间的关系，体会和理解加减的含义，并引导幼儿在日常生活中，运用加减方法尝试解决简单问题。4. 在操作活动中，引导幼儿学会比较 3 个以上物体量的差别，体会量的相对性，学习按量的差异进行 10 个以内物体的排序或按某一规律排序。5. 通过操作活动引导幼儿初步体会各种量的守恒。6. 在日常生活和游戏中，引导幼儿对一定事物的数量（20 以内）学会成组地数数及倒数，并会根据生活情景进行简单的口头加减运算活动。7. 引导幼儿学习正确书写 10 以内阿拉伯数字，培养其认真、整洁的书写习惯。8. 在日常生活和游戏中，引导幼儿会看整点、半点，体会钟表的作用和时间的不可逆性，知道应该珍惜时间。9. 在日常生活和游戏中，引导幼儿学会辨别以自身为中心的左右，体会空间方位（含上下、前后）的相对性。10. 利用和创设各种时机，鼓励幼儿运用数学经验解决实践中的问题。11. 鼓励幼儿使用相关的数学语言和词汇，如："因为……一样""因为…不同""倒数""× 比多"等

续表 3-6

领域目标	教育内容与要求		
	3 ~ 4岁	4 ~ 5岁	5 ~ 6岁
五、爱护动植物，关心周围环境，亲近大自然，珍惜自然资源，有初步的环保意识	1. 在日常生活和游戏中引导幼儿喜欢、爱护动植物，愿意参加饲养小动物、给植物浇水等活动。2. 利用各种机会，让幼儿感知四季最明显的特征以及下雨、下雪等自然现象，体会天冷了多穿衣服、热了少穿衣服等人与自然的关系。3. 引导幼儿关注自己身边环境，从把废弃物放进指定地点、便后冲水等生活小事入手，对幼儿进行环保意识和行为的培养	1. 为幼儿提供照顾小动物的机会，感知动物的生活习性，初步了解小动物的生长变化，激发幼儿爱动物的情感。2. 为幼儿提供参加种植活动的机会，体验一些照料植物方法，感知植物的生长变化，初步懂得爱护植物。3. 在日常生活中，引导幼儿探究和发现四季明显的特征（春暖花草树木生长、动物复出，夏热树木花草茂盛，秋凉收获各种果实，冬冷动植物冬眠、水结冰），感知和体验一些天气现象（风、沙尘、雨、雪），初步体验季节变化与动植物以及人们生活的关系。4. 为幼儿提供感知、欣赏、体验大自然美景的机会，萌发幼儿关心大自然的情感，具有初步的保护环境的意识（主动维护环境的清洁、爱护花草树木和动物）。5. 引导幼儿谈论自己喜欢与不喜欢的一些环境和事物现象，如：喧闹、安静、脏乱、整洁等，以力所能及的方式对待周围事物和环境（如：把垃圾扔到指定的地方等）	1. 生活中，引导幼儿初步感知动植物的多样性，体会人与动植物、其他动物与动植物之间的依存关系。2. 鼓励幼儿主动参加饲养小动物和种植植物的活动，在活动中学习一些简单的劳动技能，自觉爱护动植物，懂得珍惜生命。3. 在各种活动中，引导幼儿感知四季对动植物生长、变化及人们衣着、生活的影响，观察不同的天气现象（风、沙尘、雨、雪、雾等），发现它们与四季的关系，主动想办法适应天气的变化。4. 在各种活动中，引导幼儿感知适宜的环境对动植物的重要意义，特别关注水、空气、土壤的清洁，感知它们对动植物生存的重要性。5. 通过幼儿生活中所接触和了解的各种事件（浪费水、河流被污染、乱砍滥伐、沙尘暴、乱扔乱放垃圾等），引导幼儿理解环境保护的意义，懂得爱护环境，有相应的环保行为

表 3-7　　2006 年北京市幼儿艺术领域教育情况一览表

领域目标	教育内容与要求		
	3 ~ 4 岁	4 ~ 5 岁	5 ~ 6 岁
一、能够感受并喜爱生活、环境和艺术中的美	1. 支持、鼓励幼儿对生活中各种声音感兴趣，尝试探索身体、自然界、乐器等发出的声响，初步感知对比鲜明的声音的强弱、高低和快慢，并从中获得美的感受。2. 提供优美动听和形象鲜明的歌曲、器乐曲与舞蹈等音乐作品，引导幼儿从中获得美的感受，初步理解其内容和情感，尝试以自由律动参与欣赏，或用语言、表情、动作表达自己的感受。3. 支持、引导幼儿对周围环境中常见的、形象突出的、色彩鲜明的事物感兴趣。4. 提供条件，引导幼儿从具有鲜明色彩和简单造型的生活用品、美术作品及环境景物中获得美的感受，并用语言、表情、动作表达对美好事物的亲近和喜爱。5. 为幼儿接触周围环境和生活中的美好事物，如大自然、建筑、摄影作品等提供机会。6. 支持、鼓励幼儿欣赏歌谣、故事、木偶剧、动画片、皮影戏、儿童剧、小歌剧等形式的艺术作品	1. 支持、鼓励幼儿在进一步感知、探索和体验音乐的强弱、快慢，音调的高低和音色的变化中获得美的感受。2. 引导幼儿初步感知歌谣、歌曲和生活中的节拍与节奏，从中感受韵律美。3. 提供内容丰富的简单音乐作品，支持、鼓励幼儿体验这些作品的基本情绪和情感，并尝试用自己喜欢的方式（如语言、绘画、动作表演等）表达对音乐的感受，初步感知音乐的开始、结束、前奏和二拍子与三拍子的不同。4. 支持、鼓励幼儿主动寻找和发现周围环境、生活中感兴趣的事物。5. 支持、引导幼儿从生活用品、环境布置、节日装饰及四季景色中获得美的感受，并表达自己的感受和想象。6. 提供题材接近儿童日常生活的美术作品，引导幼儿认识作品所表现的事物，感受作品的美感特点，初步了解表现的方法。7. 支持、鼓励幼儿欣赏周围环境和生活中的美好事物，并乐于表达自己的感受。8. 提供符合幼儿年龄特点的故事、诗歌、木偶剧、动画片、皮影戏、小歌剧等艺术作品，引导幼儿感受其中的美	1. 提供形式多样的音乐作品，引导幼儿通过欣赏辨别音乐中重复、对比及变化明显的乐句或乐段，从中获得美的感受。2. 鼓励幼儿通过体验，感知与发现差异明显乐曲的不同，如进行曲、摇篮曲、舞曲，从中获得美的感受。3. 通过有趣的游戏引导幼儿模仿、记忆节奏短句和旋律短句，从中体验节奏美和旋律美。4. 激发幼儿观看舞蹈的兴趣，从明显的服装、动作中理解舞蹈所表达的含义，获得美感体验。5. 支持、鼓励幼儿主动寻找和观察周围环境和生活中的美好事物，不断丰富美的体验，大胆地用自己喜欢的方式表达感受，并对事物做出简单评价。6. 提供贴近幼儿生活经验的美术作品，引导幼儿通过欣赏、认识作品所表现的事物和主题含义，感受作品的美感特点，了解作品的表现方法。7. 鼓励幼儿和同伴一起交流、分享，欣赏自己和他人的创作成果。8. 提供机会，支持、引导幼儿欣赏故事、诗歌、散文、木偶剧、动画片、皮影戏、小歌剧、京剧等艺术作品及其他中国传统戏剧，并谈出自己的感受
二、积极参加艺术活动，在活动中获得愉快、丰富的情绪体验	1. 创设轻松、和谐的氛围，提供优美的音乐、有趣的游戏，支持、鼓励幼儿参与音乐活动的愿望，使幼儿在活动中感到愉快。2. 支持、鼓励幼儿在生活和游戏中模仿事物形象和动态的兴趣。3. 创设自由、积极的氛围，提供易于掌握色彩鲜艳的美术工具和材料，支持、鼓励幼儿参加美术活动的愿望，使幼儿在活动中感到快乐和满足	1. 创设轻松、和谐的氛围，支持、鼓励幼儿参加各种音乐活动，并从活动中获得愉悦和美感。2. 支持、引发幼儿模仿舞蹈动作的兴趣。3. 创设宽松的氛围，提供各种美术工具和材料，支持、鼓励幼儿用美术方式表达自己的所见、所知、所想。4. 支持并进一步激发幼儿参与戏剧性表演活动的兴趣	1. 创设轻松、和谐的氛围，支持、鼓励幼儿积极、主动地参加各种与音乐有关的活动，在活动中充分获得愉悦，并进一步体验音乐的情感内涵。2. 支持、引导幼儿主动参与儿童集体舞及自娱性的音乐、歌舞、戏剧表演。3. 支持、鼓励幼儿主动参与各种美术活动，如绘画、纸工、泥塑、废旧物制作等，不断丰富活动中的体验

续表 3–7

领域目标	教育内容与要求		
	3～4岁	4～5岁	5～6岁
三、能够大胆地用自己喜欢的方式进行艺术表现和创造，富有个性地表达自己的情感和体验	1. 创设轻松的氛围，鼓励幼儿通过学唱六度范围内五声音调的歌曲，大胆表现歌曲的内容、情感。2. 在生活、游戏中支持、引导幼儿通过随音乐做简单律动进行自我表现，并初步体验与他人沟通、交往的快乐。3. 支持、鼓励幼儿通过自由探索与尝试认识几种易于敲击的打击乐器，学习敲击方法，表达自己的情感。4. 鼓励、引导幼儿对自己熟悉、喜爱的歌曲和乐曲进行即兴表演，自由创编歌词和动作，初步学会使用表演道具，表达自己的感受和体验。5. 通过画线、玩色、撕纸、玩泥等游戏活动，尽可能多地让幼儿接触各种易于使用的工具和材料，喜欢操作这些工具和材料，逐步掌握它们的用法，进行自我表现。6. 通过命名、讲述等方法，引导幼儿进行有意识的表现，运用简单的图形和自己喜欢的颜色大胆表现熟悉的事物。7. 鼓励幼儿运用熟悉和喜欢的图形、材料进行多种简单装饰。8. 支持、鼓励幼儿参与戏剧性表演活动的初步愿望，引导幼儿在日常生活和游戏中观察模仿与表现感兴趣的动物、人物的动作和表情并尝试加入自己的想象与创造	1. 引导幼儿基本准确歌唱八度范围内的五声音调歌曲。通过学唱不同节拍（如二拍子、三拍子）、不同内容的歌曲，初步尝试按歌曲节拍的特点、速度、力度和情感富有表现力地歌唱。2. 创设轻松、和谐的氛围，支持幼儿随音乐的节奏尝试按自己的想象自由地做模仿动作律动和简单的舞蹈动作，逐步做到动作协调优美，并尝试表现音乐的力度、速度变化和情感。3. 鼓励幼儿尝试结合语言、歌谣即兴表演，创编简单的节奏短句和旋律短句。4. 引导幼儿学习掌握几种打击乐器正确的敲击方法，会按简单的固定节奏为歌曲、乐曲、舞蹈等作即兴伴奏，表达情感和体验，并具有初步的协调配合能力。5. 在生活和游戏中鼓励幼儿自编律动、舞蹈动作，创造性地为歌曲、舞蹈作即兴伴奏，充分表达自己的情感和想象。6. 丰富幼儿对周围生活的认识，为幼儿提供接触和观察生活中各种不同事物的机会，引导幼儿抓住其主要特征，用自己喜欢的艺术方式表达对事物的深刻印象和情感体验。7. 提供更多的美术工具、材料（包括专门材料、自然物或废旧材料），鼓励幼儿自由选择并正确使用它们，进行大胆表现，如制作自己感兴趣的物体。8. 引导幼儿通过观察发现周围事物（如四瓣花、拉花等）中对称和重复等美的规律，并能按这些规律进行装饰。9. 支持、鼓励幼儿初步尝试运用绘画、制作等美术手段表达自己对规则的理解，由故事、儿歌引发的想象和科学探索的过程等。10. 支持、鼓励幼儿喜欢用口头语言、肢体语言表现感兴趣的事情和自己的生活经历，喜欢模仿日常生活或艺术作品中人物的语言、表情、动作，愿意尝试创编与合作表演简单的故事情节	1. 创设轻松、和谐的氛围，鼓励幼儿在生活和游戏中用自己喜欢的方式，如语言、绘画、动作、表演等大胆表达对音乐的感受。2. 支持、鼓励幼儿个人独立歌唱和参与集体表演，并欣赏同伴的表演。3. 通过学唱优美、舒缓、活泼等不同性质的歌曲，引导幼儿以基本准确的节奏和音调表现不同歌曲的情绪、情感，尝试歌唱八度范围内的五声音调和少量七声音调的歌曲。4. 在律动、音乐游戏、舞蹈活动中，鼓励幼儿积极体验和有创意地表现美好的情感。5. 提供丰富的打击乐器，如木质类、金属类、散响类、鼓类，培养幼儿按简单的节奏进行打击乐合奏练习和表演，具有初步的协调、配合能力，尝试集中注意力、看指挥。支持、引导幼儿自己尝试制作乐器，喜欢用自制乐器参与音乐活动。6. 支持、鼓励幼儿对即兴歌唱和表演的兴趣。在律动、音乐游戏、歌舞表演、打击乐器演奏中，鼓励幼儿通过即兴表演表达情感和与他人交流。7. 创设宽松、接纳的氛围，支持、鼓励幼儿喜欢用各种美术方式表达自己的所见、所知、所想。8. 扩展和深化幼儿对生活中各种事物的认识，鼓励幼儿在美术活动中大胆而富有个性地将自己对事物的认识、情感表达出来，产生有简单情节的作品。9. 提供各种美术材料（包括专门材料、自然物或废旧材料）和工具，引导幼儿感受它们的特性，尝试自主选择，并利用它们的形状与质地等特点大胆修改、添加、组合、设计和制作，如制作自己感兴趣的物体。10. 引导幼儿主动发现和运用多种方法，如剪、贴、折、画等，装饰生活用品和美化环境。11. 支持、鼓励幼儿通过探索与尝试，用纸、绳、毛线等进行简单的编织。12. 引导幼儿收集各种可用于美术创作的工具、材料，并根据需要恰当选用。13. 支持、鼓励幼儿尝试运用绘画、制作等美术手段制订计划、规则，描述简单故事的情节，表达科学探索的过程和事物的发展变化等。14. 支持、鼓励幼儿主动参加各种戏剧性表演活动，在活动中获得充分的愉悦感，能够与同伴合作创编与表演简单的故事情节，尝试设计、制作、使用简单的服装、道具和布景，大胆地表现自我，并乐于与他人交流表演中的体验，充分感受创造、表现与合作的乐趣
四、具有艺术活动的良好习惯	1. 培养幼儿初步做到用自然的声音演唱，不喊唱。2. 引导幼儿初步养成正确使用乐器的习惯。3. 引导幼儿学习握笔方法，初步养成有序摆放和安全使用工具、材料的良好习惯	1. 培养幼儿正确使用、有序收放乐器的习惯。2. 培养幼儿正确使用更多的美术工具、材料，能有序地收放。3. 引导幼儿初步养成观察和欣赏周围环境和艺术作品的习惯	1. 引导幼儿初步形成用艺术手段大胆进行自我表现的习惯。2. 引导幼儿养成正确使用、收放乐器的良好习惯。3. 培养幼儿正确使用各种工具、材料，养成分类、整理、存放的良好习惯。4. 创造条件，使幼儿养成展示和收藏自己作品的习惯

二、课程与教材建设

20 世纪 80 年代，针对当时幼儿园课程实践中的重知识传授轻能力培养、重上课轻游戏等弊端，开始课程改革试验，突破分科课程的局限性，开创了幼儿园课程综合化的新局面。从 1982 年起,北京市统一使用《幼儿园教材》(教师用书)，包括体育、语言、常识、计算、音乐、美术和游戏 7 种 9 册。1983 年，北京市汇编《北京市农村学前班各科教学纲要及教材》，包括体育、语言、常识、计算、音乐和美术 6 科。

1991 年，北京市第五幼儿园（国家教委试点园）落实《幼儿园工作规程（试行）》，开展儿童发展研究，改革教育教学模式。教师由备教材上课，改为通过观察、了解幼儿确定教育目标，再根据教育目标设计教育活动内容和方法，突破“教师为中心”“教材为中心”“课堂为中心”的模式，注意处理好幼儿主体与教师主导的关系。

1992 年 2 月，国家体委、国家教委、广播电影电视部颁布在幼儿园大班施行广播体操。新编幼儿体操两套，每套 10 节。市教育局和市体委联合举办“北京市幼儿广播体操领操员培训班”，对全市 18 个区县 150 名幼儿园教师进行培训。

北京市第五幼儿园继续开展贯彻《幼儿园工作规程（试行）》实验，重点研究完善改革的理论基础和总体思路，修改幼儿发展目标体系，探索如何根据幼儿发展目标及各年龄班幼儿发展特点，创设适宜的教育环境，组织以幼儿操为主要内容的教育活动，通过一日生活的各种活动促进幼儿发展，制定《幼儿园一日生活保教工作要求》《幼儿园教育活动设计指导》《各年龄班活动区设计指导》。11 月 17 日，市教育局在北京市第五幼儿园召开市立幼儿园、机关幼儿园、示范幼儿园研讨会，北京市第五幼儿园、北京师范大学幼儿园、总后勤部六一幼儿园介绍实施“规程”中组织教师开展教育思想讨论、梳理幼儿教育新观念、深入进行幼儿教育改革的经验和做法。

表 3–8　　1992 年幼教教改实验园一览表

实验项目	幼儿园
贯彻《幼儿园工作规程（试行）》实验	北京市第五幼儿园
幼儿发展评价实验	1. 东城区东华门幼儿园；2. 北海幼儿园；3. 西城区棉花胡同幼儿园；4. 北京市第五幼儿园；5. 崇文区第二幼儿园；6. 北京市第四幼儿园；7. 北京市六一幼儿院；8. 解放军总后六一幼儿园；9. 东城区建国门幼儿园

1993 年，市教育局着重抓市立园“完成双重任务，坚持教养并重，保教结合，

全面提高幼儿素质”工作总要求落实情况，在西城区棉花胡同幼儿园召开坚持幼教工作总要求现场会，介绍棉花胡同幼儿园、东华门幼儿园教育经验：明确办园方向，把为家长服务与促进幼儿发展摆在同等位置上；深化教育改革，改变以知识、教师、课堂为中心的教育模式，重视游戏活动，因人施教，全面发展。编辑《促进幼儿发展》专辑，系统介绍北京市第五幼儿园贯彻《幼儿园工作规程（试行）》实验经验，城市、近郊区县各确定 1 所贯彻“规程”试点园，扩大试点工作。

1995 年，市教育局组织专家编写《优秀幼儿歌曲集》，收录 280 首幼儿歌曲，以新中国成立后优秀作品为主，同时收录少量民间童谣和外国精品儿歌。歌曲按三个年龄段划分，供教师开展教育活动使用。

1997 年 2 月，崇文区回民幼儿园与中国儿童电影制片厂联合录制幼儿园体育活动录像片，向全国发行，该录像片主要内容为幼儿园体育活动及体育玩具创制，总长度 50 分钟。3 月 10 日，市教委印发《关于加强学前教育教材管理的通知》，推荐人民教育出版社《幼儿园教育活动》（五大领域）、北京师范大学出版社《幼儿园目标与活动课程》两套教材。同时，面向全市学前班推荐中国少年儿童出版社《幼儿入学准备教材》（12 册）和教育科学出版社《学前班教育活动设计》两套教师用书。市教委创编一套幼儿广播体操面向全国推行，该套幼儿操结合幼儿生理心理发展水平与特征，具有较强的教育性、科学性、群体性和时代性，音乐和动作的设计体现广大幼儿健康、活泼、文明向上的精神面貌，体现面向全体幼儿的原则。

1999 年，市教委与北京教科院联合组成“幼儿园课程改革研究”课题组，在全市选择 34 所幼儿园为试点，以科研为先导，进行幼儿素质教育理论与实践的研究和探索，编辑出版《幼儿园素质教育研究与实践》，向全市推广。

2003 年 8 月 15 日，市教委印发《关于推广使用幼儿交通安全教材的通知》，推广使用《幼儿交通安全教材》。该教材由市教委与市公安局、公安交通管理局共同编写，通过故事、游戏、儿歌等形式介绍交通法规知识，面向幼儿园教师免费发放，每个教学班配备 2 册。

2004 年 4 月 22 日，市教委印发《关于规范幼儿园办学行为　加强“兴趣班”管理的通知》，明确培养幼儿兴趣对幼儿发展可以起到积极作用，应列入幼儿园课程。

年内，市教委组织编写《幼儿园快乐与发展课程》丛书，包括 3 本教师指导用书和 30 本幼儿用书。《幼儿园快乐与发展课程》是在国家和北京市的学前教育政策，多种心理学、教育学理论，特级教师、一线教师的实践以及“九五”“十五”

课题研究成果的基础上形成的；在实践中，紧紧抓住“尊重、适合、快乐、发展”四个关键点，建构起符合幼儿年龄特点及发展规律的课程体系，引导教师改进教育过程，提高教育质量。至2010年，相继由北京师范大学出版社出版托班、小班、中班、大班《幼儿园快乐与发展课程》《家园联系手册》及配套教师用书。

2005年4月，市教委印发《关于提高幼儿园教育活动质量的通知》，加强幼儿园教育活动研究，促进教师转变观念，提高教育教学能力。在全市幼儿园内开展优秀教育活动评选和教育案例征集工作。至9月，共征集参评教育活动114个、教育案例724篇。经专家评选，共评出优秀教育活动60个、优秀教育案例382篇。年内，市教委组织7个《幼儿园教育指导纲要（试行）》试点区、55所试点园总结四年来贯彻纲要工作的经验，编辑出版《为了孩子的快乐与发展——北京市贯彻〈幼儿园教育指导纲要（试行）〉的理论与实践》；编制《满园花放向明天》实况录像片。

12月，市教委以新童谣幼儿版图书为基础，采用动画表现形式，制作一套新童谣幼儿版VCD，由北京出版社、北京少年儿童出版社、北京电子音像出版社联合出版发行，全市1400所幼儿园各配发1套。

2009年，市教委鼓励幼儿园探索园本课程，以园本教研制度建设为切入点，编辑出版《面向21世纪园本课程理论与实践探索丛书》，共计22本，包括《生活即教育：真实践主题活动探究》《幼儿园综合艺术教育探索》《幼儿园汉英整合课程探索》《幼儿个性化教育的实践探索》《婴幼儿潜能发展的理论探索与实践》《教研支持方式的实践与思考》《幼儿园户外体育活动探索》《根深方叶茂——幼儿养成教育经验荟萃》等。该套丛书由市教委总主编，《学前教育》杂志社承编，由北京师范大学出版社出版发行，共计720万字，记录幼儿园园本课程开发与研究、园本教研制度建设阶段进展情况。

2010年，北京教育科学研究院完成北京市幼儿园课程教材使用情况调研工作。调研面向全市幼儿园，采取征求意见和问卷形式。调查结果显示，全市幼儿园使用的各类教材共计31种，水平参差不齐，鱼龙混杂；不同类型幼儿园选择教材的标准有共性，但又有明显差异；有66.67%的幼儿园开设英语课；民办园、单位办园开设识字课、国学课、形体课较多，超前教育趋势明显；部分幼儿园开设科目过多，使幼儿学习不堪重负；部分市级示范园和区级示范园正在编印园本教材。

第四章　幼儿

1991 年至 2010 年，北京市幼儿园招收 3 ～ 6 岁幼儿，学制 3 年；主要集中在城郊农村地区的小学附设学前班招收 5 ～ 6 岁儿童，学制 1 年。因人口出生数量变化、常住人口增加等因素，在园幼儿人数先减后增，1992 年人数最多，为 40.48 万人；2003 年人数最少，为 19.94 万人；此后逐年增加，至 2010 年为 27.7 万人；入园率稳步增长，1991 年入园率为 84.5%，2010 年增至 90.6%，全面普及学前三年教育。

1997 年，北京市调整托幼园所收费标准，保教费用最高收费 230 元 / 月，最低收费 115 元 / 月，该标准实行 15 年，至 2012 年重新调整收费标准。民办幼儿园收费标准由市场调节。

北京市制定《学前班儿童发展水平评估标准》《北京市 3 ～ 6 岁儿童体质测定标准》《幼儿发展评价手册》等文件，评价幼儿发展情况以及教育情况。

第一节　招生

各历史阶段，北京市幼儿园招生情况略有不同：民国时，北京市幼儿园一般招收 4 ～ 6 岁幼儿;新中国成立初期，招收 3 ～ 7 岁幼儿;改革开放后，招收 3 ～ 6 岁幼儿。

1990 年 2 月 1 日，北京市幼儿园执行《幼儿园工作规程（试行）》，招收“三周岁至小学前”幼儿，即 3 ～ 6 岁幼儿，每年秋季招生。平时如有缺额，可随时补招，对烈士子女、家中无人照顾的残疾人子女和单亲子女等入园给予照顾。幼儿入园前，须按照卫生部门制定的卫生保健制度进行体格检查，合格者方可入园。幼儿入园除进行体格检查外，严禁任何形式的考试或测查。幼儿园学制 3 年，一般为全日制、寄宿制或二者均有。

1997 年 3 月 11 日，市教委发布《关于印发北京市学前班管理办法的通知》，提出学前班招收 5 ~ 6 岁儿童，某些地区可以根据群众需要向下延伸一年，班额不超过 40 人（参见表 4–1）。

2001 年 3 月 21 日，市教委发布《关于规范幼儿园招生工作的紧急通知》，规定：（1）秋季入园新生的招生工作一律在 6 月以后进行，不得随意提前招生。（2）招生范围应本着方便家长、就近入园的原则，尽可能地满足附近居民子女入托需求。（3）幼儿园招生时不得对幼儿进行任何形式的考试或测查。严禁以各种理由向家长收取“赞助费”或其他未经物价管理部门批准的各种费用。至 2010 年，该规定一直执行。

表 4–1　　1991 年至 2010 年北京市各类幼儿园幼儿数量统计表　　单位：人

年份	园数（所）	班数（个）		入园		在园		离园		全市 3 岁及以上入园率（%）
		合计	其中学前班	合计	其中学前班	合计	其中学前班	合计	其中学前班	
1991	3761	14714	1580	172884	—	402699	49770	133788	—	84.5
1992	3510	14127	1795	181299	—	404779	60561	158704	—	82.2
1993	3369	13300	1949	170580	—	372368	66505	165963	—	84.3
1994	3301	13010	1872	167267	—	352979	61703	113652	—	84.9
1995	3024	11576	1701	148272	—	315277	53945	103355	—	—
1996	3056	9802	1507	112449	—	271752	46765	135376	—	76.7
1997	2892	9337	1079	95140	—	253478	32023	110345	—	79.82
1998	2662	9109	1135	93819	—	245046	31885	99279	—	88.08
1999	2180	8708	1028	—	—	237055	31261	—	—	80.8
2000	2047	8636	1129	—	—	229012	31616	—	—	81
2001	1719	8259	1393	87892	28753	217521	35097	85842	29273	82.3
2002	1540	8494	1680	91092	29378	213794	39703	79447	28705	82.3
2003	1430	7733	1293	86465	27122	199390	35768	76879	24200	85.7
2004	1422	80879	1365	86672	25132	205532	35700	71677	23897	87.9
2005	1358	8148	1250	83485	23085	202301	31822	71926	20986	87.9
2006	1361	8051	1039	68299	16752	197546	25842	70400	20976	90.6
2007	1306	8132	839	83969	13998	214423	24308	70681	17504	102.3
2008	1266	8382	690	85938	11392	226681	20139	72119	16908	89.4
2009	1253	9036	540	89761	7653	247778	15820	65684	12596	90.3
2010	1245	9883	167	105048	4731	276994	5072	68135	3410	90.6

说明：按教育部规定，从 2007 年开始，入园、在园和离园人数中含非本市户籍人数

第二节　收费

幼儿园主要收取保育和教育费用，用于补充园所经费，改善办园条件。北京市于 1997 年调整托幼园所收费标准，保教费用最高收费 230 元 / 月，最低收费

115 元 / 月。该标准实行 15 年，至 2012 年北京市颁布《北京市幼儿园收费管理实施细则（试行）》，规范并重新调整收费标准。民办幼儿园收费标准由市场调节。

20 世纪 80 年代末 90 年代初，北京市幼儿园保育费标准“一刀切”，不论园所设备条件好坏和保教质量高低，一律是 3 岁以下日托每月 3.5 元，全托每月 6 元；3 岁及以上日托每月 2.5 元，全托每月 5 元。街道民办园所除按规定收取保育费外，还向幼儿家长所在单位收取托儿补助费，不分日托或全托，托儿所（3 岁以下）每人每月收 14 元，幼儿园（3 岁及以上）每人每月收 12 元，由父母所在单位报销。小学附设学前班整日制幼儿班，每个儿童每月收费 4 元（保育费 3.5 元、杂费 0.5 元）；半日制幼儿班，每个儿童每月收费 2.5 元（保育费 2 元、杂费 0.5 元），费用一律由幼儿家长自理，家长所在单位不予报销；后又增加管理费每月每名儿童 6 元。

1992 年 10 月 4 日，市财政局将托儿补助费标准由原来每名幼儿每月 20 元提高到 40 元，并将发放办法改为“每月由家长双方单位随工资发给婴儿补贴费”，由幼儿家长交幼儿园。12 月 19 日，市物价局、市政府文教办、市财政局、市教育局和市卫生局联合下发关于控制托幼园所收费标准的通知，规定：收费项目由市物价局统一设置，各区（县）、各部门在市颁各级各类园所标准最高限价范围内自行定价，不得突破。

1996 年 10 月 10 日，市教委转发国家教委《关于加强社会力量办学管理工作的通知》，规定社会力量办学不得以营利为目的。学校应按照教育行政部门和物价部门核准的收费项目和收费标准收学杂费及其他必需费用。

1997 年 8 月 18 日，北京市物价局、市财政局、市教委联合下发《关于调整托幼园所收费标准的通知》，提出按“拉开收费差级，按质论价，优质优价”的收费原则调整保育费收费标准（见表 4–2）。

表 4–2　　1997 年北京市日托幼儿收费标准统计表　　单位：元 / 生·月

园所级类	3 岁及以上	3 岁以下
一级一类	150	200
一级二类	100	150
二级一类	80	130
二级二类	60	100
二级三类	50	70
三级二类	50	70
三级三类	40	60
四级及没有验收的	35	50

说明：上述标准为最高限价，寄宿制儿童每生每月在此基础上加收 100 元

11 月 17 日，市物价局和市教委联合发布《关于进一步规范托儿所幼儿园收费的通知》，规定：(1)收费项目是：保育费(含杂费、卫生费、取暖费、物品折旧费等)、托补费和代办费(市立幼儿园不得收取)。(2)各托幼园所须到所在区县物价部门办理收费许可证变更手续，向儿童家长亮证收费。(3)幼儿在园期间，园所不得以培养幼儿某项技能为由，举办各种名目的“兴趣班”，再另行收取费用。(4)托幼园所须从儿童实际入园之日起按月收费，不得跨月预收费。(5)因园所自身原因或确属幼儿患病，造成幼儿整月未入托的，应退当月的保育费。(6)关于集体投保问题，经市里批准允许园所代理的儿童保险只有“青少年、幼儿疾病住院医疗保险”和“学生、幼儿团体平安保险”两项，各园所应先将保险条款通知家长，由家长自愿设保。除此之外的一切儿童保险项目，园所不得代理。(7)托幼园所不得预收“保健费”，应按照儿童在园用药实际情况收取药品成本费。预防接种性收费，应根据区县卫生防疫部门的通知，一次一收。(8)各托幼园所不得向幼儿家长索要有价物品(含玩具、图书等)，也不得代替商家、厂家向家长推销各类儿童用品。(9)招收寄宿儿童的园所，必须保证幼儿每周星期一至星期四能够在园住宿。如幼儿连续一周未在园住宿，应按每夜 5 元的标准退还住宿费(节假日除外)，日托幼儿临时需要在园住宿，也可按每夜 5 元的标准收住宿费。(10)托幼园所不应收取高额“赞助费”，市有关部门将另行颁发“捐资助学管理办法”。

2000 年 1 月 31 日，市教委转发市物价局、市财政局《关于转发托幼园所取暖期内保育费收费标准文件的通知》，已更换锅炉用燃油或燃气取暖的托幼园所在取暖期(11 月 15 日至 3 月 15 日)内，在现行规定保育费标准基础上，每人每月加收 40 元，寄宿每人每月加收 60 元。

4 月 20 日，市教委发布《关于体制改革试点幼儿园及民办幼儿园收费问题的通知》，经有关部门批准的体制改革试点园、民办托幼园所、中外或与境外合作办园根据本园生均培养成本和家长的承受能力自行制定保育费、伙食费等具体标准。园生均培养成本包括：教职工人员经费、公务费(水、电、暖等)、业务费、修缮费、设备购置费等正常办园开支。有关园所需持有关教育行政部门的批复文件及相关的“办学许可证”和生均培养成本测算方案，到物价部门备案并办理“收费许可证”后方可收费。执行新的收费管理制度后，严格按月收费，禁止向家长收取“赞助费”。

2001 年 9 月 11 日，市教委印发《转发市物价局市财政局关于体制改革幼儿园所办理收费许可证手续及有关收费问题文件的通知》，进一步规范体制改革幼儿园所收费工作，规定体制改革幼儿园所在收取费用时，需向幼儿家长明码标价并亮示“收费许可证”，除按“收费许可证”所列标准收取保育费、有寄宿制的幼儿园所收取寄宿费及按实际支出收取伙食费外，不得收取其他任何费用（包括“赞助费”）。保育费标准实行“新生新办法，老生老办法”，按月收费不得跨月预收。因园所自身原因或确属幼儿患病，造成幼儿连续半月未入托的，应按半月退还保育费；连续整月未入托的，应按月退还保育费（节假日除外）。寄宿制幼儿园所，在保证幼儿每星期一至星期四能够在园所住宿的前提下，因幼儿自身原因连续 4 日未在园住宿（周末、节假日除外），应按每夜 5 元的标准退还住宿费（周末、节假日除外）。

2002 年 3 月 20 日，市教委公布《转发关于托幼园所高级中等学校等收费标准的通知》，规定园所代办费每人每月日托 20 元，整托 30 元。此收费项目及标准只限于单位自办园所收取，市立、街道园所和体制改革园所不得收取。

至 2010 年，北京市幼儿园一直执行上述收费标准。

第三节　幼儿编班

1990 年，国家教委《幼儿园管理条例》在“幼儿园的保教和教育工作”条款中提出，幼儿园的编班应当符合教育行政部门的规定。《幼儿园工作规程（试行）》规定，幼儿园每班幼儿人数一般为：小班（3 ～ 4 周岁）25 人，中班（4 ～ 5 周岁）30 人，大班（5 ～ 6 周岁或 7 周岁）35 人，混合班 30 人，小学附设学前班不超过 40 人。寄宿制幼儿园每班幼儿人数酌减。幼儿园可按年龄分别编班，也可混合编班。

1996 年 4 月，《北京市幼儿园、托儿所办园、所条件标准（试行）》颁布，除全日制幼儿园继续沿用上述标准外，还规定：寄宿制幼儿园小班（3 ～ 4 周岁）每班平均 20 人、中班（4 ～ 5 周岁）平均 25 人、大班（5 ～ 6 周岁）平均 30 人（见表 4–3）。

表 4–3　　1996 年幼儿园编班标准统计表　　单位：人

	每班平均幼儿数		
	小班 3 ～ 4 岁	中班 4 ～ 5 岁	大班 5 ～ 6 岁
寄宿制	20	25	30
全日制	25	30	35

2009 年 3 月，针对新生儿逐年增加造成新一轮“入园难”问题，市教委扩大班级规模：班均面积较大的幼儿园适当扩大班容量，大、中、小班在原有定额基础上可增加 5 人以内。至 2010 年，一直执行上述标准。

第四节　发展评价

1994 年，《北京市托幼园所分级分类验收标准及细则（试行）》颁布，后重新修订于 2000 年 9 月。该细则规定儿童身心发展指标体系：一类幼儿园：“幼儿身心和谐发展，健康、活泼，善于交往，有较强的主体意识和自主能力；喜欢探索，对各种活动感兴趣；有良好的行为习惯。幼儿身体、动作、认知、语言各方面的发展均达到本年龄段儿童发展水平。”二类幼儿园：“幼儿身心和谐发展，有良好行为习惯。幼儿各方面的发展基本达到本年龄段儿童发展水平。”三类幼儿园：“幼儿发展良好。幼儿各方面的发展基本达到本年龄段儿童发展水平。”幼儿各方面发展评价，可参见《幼儿发展评价手册》。儿童体质测试，一类幼儿园合格率 90% 以上，二类幼儿园合格率 85% 以上，三类幼儿园合格率 80 以上。

1996 年 4 月 1 日，市教委发布《北京市学前班工作评估标准（试行）》，附有《学前班儿童发展水平评估标准》（城市地区、农村地区），从体育、智育、德育、美育四方面规定儿童发展水平。

1998 年 10 月 21 日，市教委等 3 家单位联合发布《关于颁布北京市 3 ~ 6 岁儿童体质测定标准的通知》：各托幼园所组织在园儿童的体质测定工作，按照《北京市 3 ~ 6 岁儿童体质测定标准》要求，每年测定一次，并纳入园所卫生保健工作计划。对因伤、病、残疾等原因不适合参加体质测定者，可以免于测定。年龄分组：3 ~ 6 岁每 0.5 岁为一个年龄段，满 6 岁不足 7 岁为一个年龄段。测定项目包括：身高、体重、脉搏、10 米 ×2 往返跑、立定跳远、垒球掷远、双脚持续跳跃、走平衡木、圆周单脚持续跳跃。评分标准：身高标准体重评定方法为体重正常 5 分，偏重或偏轻为 3 分，肥胖或营养不良为 1 分；其他测定项目采用 5 分制，5 分为优秀，4 分为良好，3 分为及格，2 分为中下，1 分为差。评级标准是将每个受试儿童各项指标的测定数值，按各自年龄组的评分标准，换算成分数并计算各自总分，优秀级 30 分及以上，良好级 27 ~ 29 分，及格级 21 ~ 26 分，不及格 20 分及以下。测定标准附有详细的评分标准。

1999 年 10 月，市教委颁发《幼儿发展评价手册》。该手册由教育科学出版社出版，是北京市教育科学“八五”重点项目“幼儿发展评价研究”成果，收录幼儿发展评价数据 4 个领域共 60 个评价项目。

2003 年 9 月,《北京市贯彻〈幼儿园教育指导纲要（试行）〉实施细则》（2006 年修订）将教育内容分成健康、社会、语言等五大领域，按照 3 ～ 4 岁、4 ～ 5 岁、5 ～ 6 岁三个年龄段设定不同幼儿发展评价要点（见表 4–4）。

表 4–4　　2006 年北京市幼儿园幼儿发展评价要点一览表

领域	幼儿发展评价要点		
	3 ～ 4 岁	4 ～ 5 岁	5 ～ 6 岁
健康领域	1. 生长发育是否达到本年龄段正常指标且较少患病。2. 在幼儿园的集体生活中情绪是否稳定、愉快。3. 是否能适应幼儿园的生活作息制度和常规要求。4. 是否能独立进餐、洗手等，掌握基本的生活技能。5. 是否了解必要的安全保健常识，有初步的自我保护意识。6. 是否喜欢参加各种体育活动，动作是否自然	1. 生长发育是否达到本年龄段正常指标，较少患病。2. 是否喜欢幼儿园的集体生活，心情愉快。3. 是否能遵守幼儿园的生活作息制度和常规要求，生活、卫生习惯良好。4. 是否知道必要的安全保健常识，有基本的自我保护能力。5. 是否能积极参加各种体育活动，动作自然协调	1. 生长发育是否达到本年龄段正常指标，较少患病。2. 是否喜欢幼儿园的集体生活，情绪是否安定、愉快。3. 是否能自觉遵守幼儿园的生活作息制度和常规要求，形成良好的生活、卫生习惯。4. 是否掌握必要的安全保健常识，有基本的自我保护能力。5. 是否有积极主动参加各种体育活动的习惯，动作协调、灵活
语言领域	1. 是否有表达和交流的愿望，并从交往中感受到快乐。2. 是否能听懂日常生活用语，并能做出相应反应。3. 是否能用简短的语言表达自己的需要。4. 是否喜欢听故事，能理解其大意。5. 是否喜欢看图书，有初步的爱护图书的意识	1. 能否主动运用语言与别人交往，并在语言交往中感受到快乐。2. 是否能够注意倾听和理解与自己生活经验相关的语言信息。3. 是否愿意表达自己的各种感受和想法，喜欢提问。4. 是否喜欢听儿童文学作品，会复述故事续编故事，初步会仿编诗歌。5. 能否初步掌握正确的阅读方法，能持续阅读一段时间	1. 能否自然、礼貌地与人交谈。2. 能否主动运用不同形式的语言进行交流和解决问题。3. 是否有良好的倾听习惯和相应的语言理解能力。4. 是否爱提问题，会针对问题进行回答。5. 是否能够创编儿歌、故事。6. 能否自主、专注地阅读，理解画面及图书内容，并有良好的阅读习惯。7. 是否有初步的图形、符号观察和辨别能力。8. 是否会根据需要收集和使用信息
社会领域	1. 是否情绪愉快、稳定，愿意参加班级活动。2. 是否愿意与同伴、教师交往，有初步的分享意识。3. 是否知道班级常规并有一定的规则意识。4. 是否能够在教师的帮助下坚持做完一件事。5. 是否能对父母和其他关爱自己的人表示出尊重。6. 是否能对周围环境表示出一定的关注	1. 是否积极主动，乐于参加班级和幼儿园的活动。2. 是否喜欢与同伴、教师交往，有初步的互助、合作行为。3. 是否具有基本的规则意识和遵守规则的行为。4. 是否能不怕困难，坚持把事情做完，有初步的责任感。5. 是否能关注周围人的感受和需要，表现出一定的同情心。6. 是否喜爱自己的家乡，关注并乐于参加一些社会公益活动。7. 是否知道世界是由不同国家、不同民族组成的，懂得尊重他们的差异性	1. 是否开朗、自信，能自主进行各种活动。2. 是否能与周围人积极交往、乐群合作，有良好的人际关系。3. 是否能够基本遵守日常生活中的社会行为规则，有良好的行为习惯。4. 是否能克服困难，有始有终地完成事情，有初步的责任感，显示出一定的意志品质。5. 是否对周围的人与事物持关心的态度，有爱心、同情心。6. 是否知道中国是一个多民族、多文化的国家，懂得尊重少数民族的风俗习惯。7. 是否有一定的环保意识和节约资源意识并在行为中有所体现。8. 是否有上小学的愿望，为上小学做好了一定的社会适应性准备

续表 4–4

领域	幼儿发展评价要点		
	3 ～ 4 岁	4 ～ 5 岁	5 ～ 6 岁
科学领域	1. 是否对周围事物、现象感兴趣，有好奇心，并积极探究自己感兴趣的事物和现象。2. 愿意以各种表情、身体、动作及声音表现出好奇和兴趣。3. 能否自由表达自己的感知以及操作活动中的感受和发现。4. 是否对生活和游戏中简单数学现象感兴趣。5. 是否获得了简单的数学经验，是否初步知道周围事物和现象的明显特征。6. 是否初步懂得爱护动植物。7. 是否在教师的引导下有初步的环保意识和行为	1. 能否主动地观察探索周围常见事物，有好奇心、求知欲，并感到愉快。2. 是否在日常生活和游戏中对数学活动感兴趣，能够获得相应的数学经验，并尝试解决简单的问题，有自信心。3. 能否利用各种材料进行简单的探究，并提出初步的猜想，进行验证，观察发现其特性和变化。4. 能否通过对事物的比较、连续观察发现事物或现象的特点、差异和变化，获得观察、比较等能力。5. 能否用多种方式表现、交流和分享探索与发现的过程与方法。7. 是否懂得爱护、照料动植物，发现它们的生长变化，积累一些照料动植物的方法。7. 是否能够感知四季的明显特征，体验到自然现象的不同，初步体验季节变化与动植物和人类的关系。8. 能否发现环境中一些美和不美的现象，能够谈论它们，有自己的感受和见解，在教师的引导下有维护环境美观整洁的行为	1. 对周围事物、现象以及各种科学活动是否感兴趣，有好奇心。2. 是否能够体会到大自然的美，并有相应的表达。3. 是否积极探究自己感兴趣的事物和现象。4. 在科学活动中，幼儿能否提出问题，积极思考，并能以自己独特的想法和方式解决问题。5. 是否主动与他人交流和表达自己的经验与感受，有成功感和自信心。6. 是否积极参与各种数学活动，积累数学经验，并在生活中尝试解决简单的数学问题。7. 是否具有爱护环境的意识和行为，爱护小动物和常见植物。8. 能否主动谈论科学内容的话题，与他人讨论、交流自己的不同感受和看法。9. 是否喜欢阅读科普图书等图文资料，是否与他人分享自己阅读的快乐。
艺术领域	1. 是否对生活中的各种声音、鲜明的形象色彩感兴趣，能从周围环境中获得美的感受。2. 是否有参与艺术活动的初步愿望，在活动中感到愉快。3. 能否大胆表现歌曲的内容、情感，喜欢随音乐做简单律动，进行自我表现，愿意探索、尝试易于敲击的打击乐器，对熟悉的歌曲和乐曲进行即兴表演、自由创编歌词和动作，表达自己的感受和体验。4. 是否喜欢操作美术工具和材料，逐步掌握它们的用法，进行自我表现，能运用简单的符号和自己喜欢的颜色大胆表现熟悉的事物。5. 是否有参与戏剧性表演活动的初步愿望。6. 是否能用自然的声音演唱歌曲，初步建立使用乐器、美术工具和材料的习惯。7. 通过艺术活动，幼儿的身体、社会性认知、感受与表现，特别是情感、想象力、创造力和个性是否得到发展	1. 是否喜欢感知、欣赏周围环境和艺术作品，并从中获得美的感受。2. 是否愿意参加各种艺术活动，在活动中获得愉悦和美感。3. 是否愿意尝试按歌曲的情感富有表现力地歌唱，随音乐的节奏自由做动作，尝试即兴表演，初步掌握几种打击乐器正确的敲击方法，在表演中充分表达情感，并与同伴协调配合。4. 能否选择、利用美术材料和工具设想并制作，大胆表现自己的情绪和感受。5. 是否有参与戏剧性表演活动的兴趣。6. 是否能够初步建立正确使用、有序收放乐器、美术工具、材料的习惯。7. 是否初步形成观察和欣赏的兴趣与习惯。8. 通过艺术活动，幼儿的身体、社会性认知、感受与表现，特别是情感、想象力、创造力和个性是否得到发展	1. 能否主动寻找和观察周围环境和生活中的美好事物，不断丰富审美体验。2. 是否积极、主动参加各种艺术活动，在活动中有愉快、丰富的情绪体验 3. 能否用自己喜欢的方式大胆表达对音乐的感受，在歌唱中尝试表现不同歌曲的情绪、情感，具有初步的协调、配合能力，通过即兴表演表达情感和与他人交流。4. 是否能尝试自主选择、利用多种材料大胆修改、添加、组合、设计和制作美术作品，富有个性地表达自己的认识和情感。5. 是否愿意主动参加各种戏剧性表演活动，在活动中获得充分的愉悦感。6. 是否初步形成用艺术手段大胆进行自我表现的习惯。7. 是否养成正确使用、收放乐器，正确使用、分类整理美术作品工具和材料的良好习惯。8. 通过艺术活动，幼儿的身体、社会性认知、感受与表现，特别是情感、想象力、创造力和个性是否得到发展

幼儿发展评价由幼儿园自行实施。2008 年 12 月，平谷区教委组织各幼儿园实施幼儿发展评价，以健康、语言两大领域为主要内容，检测全区幼儿看图讲述、量词和反义词、平衡、跳及拍球发展情况；2010 年 1 月，平谷区第一幼儿园通过倾听与理解、词汇与表达、阅读、排序、分类、方位、数量 7 个项目测试语言和科学两个领域幼儿发展情况，430 名幼儿参加测评，优秀率 32%、合格率 65%、不合格率 3%。

第五章　教职工

幼儿园设置园长、教师、保育员、医务保健人员、事务人员、炊事员和其他工作人员。1991 年，全市幼儿园职工 49472 人，其中，园长 3290 人、教师 18788、保健员 1366 人、其他人员 26028 人。随着办园体制改革、幼儿园数量减少，教职工总数在减少。2010 年，全市幼儿园职工 37227 人，其中，园长 1710 人、教师 21677 人、保健员 1672 人、其他人员 12168 人。幼儿园园长、教师的学历逐年提高，园长专科及以上学历占比由 1991 年的 14.19% 提高到 2010 年的 91.46%，教师专科及以上学历占比由 1991 年的 4.4% 提高到 2010 年的 77.83%。

第一节　园长

幼儿园实行园长负责制，园长全面主持幼儿园工作，是幼儿园的管理者，负责国家教育方针、政策与教育目标在幼儿园中的实施与实现。

一、任职资格

1990 年，国家教委颁布《幼儿园工作规程（试行）》，规定幼儿园按照编制标准设园长、副园长，应具备幼儿师范学校（包括职业学校幼儿教育专业）毕业及其以上学历。幼儿园园长还应有一定的教育工作经验和组织管理能力，并获得幼儿园园长岗位培训合格证书。幼儿园园长由举办者任命或聘任。非地方人民政府设置的幼儿园园长应报当地教育行政部门备案。

1992 年 9 月 1 日，市教育局颁布《北京市幼儿园园长资格审定办法（试行）》。凡在全市行政辖区内各级各类幼儿园被任命或聘任的幼儿园园长（包括担任业务工作的副园长）均按该办法进行资格审定。园长任职条件：（1）拥护中国共产党的领导，热爱社会主义祖国，努力学习马克思主义，认真学习、贯彻执行国家的有关法律、法规、方针、政策和上级主管部门的规定。(2)具有幼儿师范学校(包括职业学校幼儿教育专业、职工幼师)毕业程度;或取得幼儿园教师专业合格证书;或不具备规定学历,但具有幼儿园一级教师职务。(3)热爱幼教事业,忠于本职工作,刻苦钻研保育、教育业务,有一定的组织管理能力和三年以上幼教实际工作经验。(4)团结同志,联系群众;坚持原则,办事公正;严于律己,顾全大局;思想言行堪为教职工和幼儿的表率。(5)身体健康,能胜任工作。幼儿园的主办单位任命或聘任园长时,应依据幼儿园园长任职条件对其进行资格审定,资格审定合格后填写《北京市幼儿园园长资格审定表》报所在区、县教育局备案。

1994 年 1 月至 9 月,市教育局在西城区幼儿园进行园长、教师资格审定试点工作。西城区教育局根据《北京市幼儿园园长资格审定办法(试行)》,结合本地区的实际情况,对各类型幼儿园教师进行资格审定试点工作。

1996 年 4 月 2 日,市教委转发国家教委《全国幼儿园园长任职资格职责和岗位要求(试行)》,在全市学前系统贯彻执行。该文件规定园长任职资格:(1)拥护中国共产党的领导,热爱社会主义祖国,认真贯彻国家的教育方针,热爱幼儿教育事业。(2)示范性幼儿园和乡镇中心幼儿园园长应具备幼儿师范学校(含职业学校幼教专业)毕业及其以上学历,有五年以上幼儿教育工作经历,并具有小学、幼儿园高级教师职务。其他幼儿园园长应具备幼儿师范学校(含职业学校幼教专业)毕业及以上学历或高中毕业并获得幼儿园教师专业考试合格证书,有一定幼儿教育工作经历,并具有小学、幼儿园一级教师职务。(3)获得幼儿园园长岗位培训合格证书。(4)身体健康,能胜任工作。

至 2010 年,园长任职资格一直执行上述规定。

表 5-1　　1991 年至 2000 年北京市各级各类幼儿园园长学历情况统计表　　单位:人

年份	合计	高等师范毕业及以上	中师毕业	职高幼师专业毕业	非师范毕业	
					高中毕业及以上	初中毕业及以下
1991	3290	467	1801	241	696	85
1992	3154	442	1034	112	812	754
1993	3067	446	982	122	826	691
1994	2969	478	984	128	789	590
1995	2752	457	934	115	752	494
1996	2216	472	963	113	434	234
1997	2300	525	969	109	462	235
1998	2142	538	881	104	435	184
1999	2058	557	836	122	408	135
2000	1851	597	699	116	357	82

表 5-2　　2001 年至 2010 年北京市各级各类幼儿园园长学历、职称情况统计表　　单位：人

年份	合计	按学历分					按职称分					
		研究生毕业	本科毕业	专科毕业	高中阶段	高中阶段以下	中学高级	小学高级	小学一级	小学二级	小学三级	未评职称
2001	1692	22	251	722	622	75	91	868	260	44	10	49
2002	1559	41	307	722	446	43	89	820	261	34	1	354
2003	1569	54	345	719	411	40	72	832	224	25	5	411
2004	1606	71	431	732	331	41	78	830	240	37	2	419
2005	1513	79	501	652	262	19	76	810	219	29	3	376
2006	1593	105	631	596	240	21	101	837	204	28	3	420
2007	1548	87	725	537	181	18	94	814	202	21	3	414
2008	1620	108	809	514	173	16	104	845	207	15	1	448
2009	1679	115	865	522	162	15	116	869	206	29	2	457
2010	1710	123	962	479	134	12	118	892	190	28	2	480

二、工作职责

幼儿园实行园长负责制，园长在举办者和教育行政部门领导下，负责全园工作。幼儿园可建立有保教、医务、财会等人员的代表以及家长的代表组成的园务委员会，园长任园务委员会主任，定期召开园务委员会（遇重大问题可临时召集）对全园工作计划、工作总结，人员奖惩，财务预算和决算方案，规章制度的建立、修改、废除，以及其他涉及全园工作的重要问题进行审议。不设园务委员会的幼儿园，上述重大事项由园长召集全体职工会议商议。中国共产党在幼儿园的基层组织中发挥政治核心作用，充分发挥共青团、工会等其他组织在幼儿园工作中的作用。

1990 年，国家教委《幼儿园工作规程（试行）》规定园长职责 7 条 :（1）贯彻执行国家的有关法律、法规、方针、政策和上级主管部门的规定 ;（2）领导教育、卫生保健、安全保卫工作 ;（3）负责建立并组织执行各种规章制度 ;（4）负责聘任、调配工作人员 ; 指导、检查和评估教师以及其他工作人员的工作，并给予奖惩 ;（5）负责工作人员的思想工作，组织文化、业务学习，并为他们的政治和文化、业务进修创造必要的条件 ; 关心和逐步改善工作人员的生活、工作条件，维护他们的合法权益 ;（6）组织管理园舍、设备和经费 ;（7）组织和指导家长工作 ;（8）负责与社区的联系和合作。

1996 年 4 月 2 日，市教委转发国家教委《全国幼儿园园长任职资格、职责和岗位要求（试行）》，重新梳理幼儿园园长主要职责 5 条 :（1）贯彻执行党和国家有关幼儿教育的方针、政策以及教育法规、规章，坚持正确的办园方向。（2）负

责教职工的政治思想工作、职业道德教育，组织文化、业务学习；维护教职工的正当权益,关心并逐步改善教职工的生活和工作条件;发挥教职工(或教职工代表)代表大会在幼儿园民主管理中的作用，调动和发挥教职工的主动性、积极性和创造性。(3)主持幼儿园的保教工作，领导和组织安全保卫、卫生保健工作，贯彻有关的法规和规章，确保幼儿在园安全、卫生和健康；领导和组织教育工作，贯彻执行国家幼儿园课程标准,促进幼儿身心和谐发展。(4)领导和组织行政工作，包括工作人员的考核、任免和奖惩及园舍、设备和经费管理等。(5)密切与家长和社区的联系，向家长和社区宣传正确的教育思想和科学育儿知识，争取家长和社区支持幼儿园工作。该文件还从基本思想品德、专业和能力三方面对园长岗位做了要求。至 2010 年，园长工作职责一直执行上述规定。

三、岗位培训

1991 年至 1995 年，北京市组织园长在职培训，主要解决幼儿园管理方面存在的问题，提高行政管理能力。

1992 年 8 月 17 日至 20 日，市教育局举办全市幼儿园园长讲座，上海市教育局及幼儿园介绍贯彻落实《幼儿园工作规程(试行)》经验和幼儿园管理经验，全市 600 余名园长参加培训。

1993 年 7 月，市教育局把国家教委在大连举办的全国幼教行政、教研人员培训会上的部分贯彻《幼儿园工作规程(试行)》试点园园长、幼教专家请到北京，介绍贯彻《幼儿园工作规程(试行)》的理论与实践经验，各类幼儿园园长 800 多人参加培训。

1996 年 10 月 22 日，市教委转发国家教委《关于开展幼儿园园长岗位培训工作的意见》，规定北京市幼儿师资培训中心为幼儿园园长岗位培训基地，具体负责园长培训和业务统筹。1946 年 1 月 1 日以后出生的在京各类幼儿园现职正副园长及后备干部参加培训；2000 年前完成岗位培训，从 2001 年开始在职的园长必须经过岗位培训“持证上岗”。同时发布《北京市幼儿园园长岗位培训教学计划(试行)》，培训采取全脱产和业余两种方式，并辅以自学方式进行，培训总课时为 300 学时，其中，实践环节 60 学时；设置党的方针政策、幼儿教育政策与法规、幼儿园管理、幼儿园教育、幼儿教育动态专题讲座、实践活动等课程。

1998 年 9 月 14 日，全市幼儿园园长岗位培训工程启动，当年市幼教师资培训中心举办 3 期园长培训班，培训园长 209 人。该培训中心分支机构东城、西城、丰台和朝阳等区县教师进修学校举办的园长培训班培训园长 400 余人。

1999 年，市幼教师资培训中心及所属 11 个培训网点全部开课，培训工作严格按照统一的教学计划和全国统编教材进行。至年底，已有 999 人取得园长岗位培训合格证书，450 人正在接受培训，合计占园长总数的 68%。

2000 年，经过培训考核，全市共有 1833 名园长获得岗位培训合格证书，占在职园长总数的 99%。在此基础上，为培养适应现代化教育的高素质的园长，市教委委托北京师范大学举办园长高级研修班，由各区县推荐的 32 名在职园长参加学习，除学习现代教育理论外，还组织他们赴美国进行实地考察与交流。

2001—2010 年，市教委继续举办园长岗位培训和园长高级研修班。其中，2010 年 8 月 16 日，启动幼儿园管理干部挂职锻炼工作，选派 86 名二级二类以上幼儿园的园长、业务园长、后勤园长、保教主任到市级示范幼儿园和一级一类幼儿园挂职园长助理 1 个月，参与幼儿园的日常管理、教育教学、教育科研、卫生保健等各项工作，提高自身管理能力和治园水平。

第二节　教师

幼儿教师是素质教育的主要实施者，是教育过程中的主体，同时又是幼儿学习、模仿的对象。教师的人格特征、言行举止、心理健康状况以及对待幼儿的态度，直接影响着幼儿的发展。

一、职业资格

1986 年 11 月 25 日，市政府文教办和市教育局发布《关于对我市幼儿园教师进行“教材教法考试合格证书”“专业合格证书”文化专业知识考试工作的通知》，凡不具备国家规定合格学历的幼儿园教师，参加“教材教法考试合格证书”和“专业合格证书”的考试，原则上按照《中小学教师考核合格证书试行办法》执行。随后发布补充通知，对考试报名中出现的学前班教师能否参加考试等普遍情况作了规定。

1987 年 9 月，市教育局颁布《北京市幼儿园教职工职业道德规范》，要求幼教系统深入学习贯彻，考核获得合格证书的幼儿教师思想品德和教育教学能力。

1992 年 9 月 1 日，北京市实行《北京市幼儿园教师资格审定办法（试行）》。凡在全市行政辖区内的各级人民政府、企事业单位、社会团体、居民委员会、村民委员会和公民个人举办的幼儿园，其教师均按此办法进行资格审定。任职条件除政治、品德和身体条件外，还规定具有幼儿师范学校（包括职业学校幼儿教育专业、职工幼师）毕业程度；或取得幼儿园教师专业合格证书；或不具备规定学历，但具有幼儿园三级教师职务；有一定的保育、教育工作能力；从事幼儿教育工作一年以上。审定办法：（1）各区县教育局幼教科负责本行政辖区内幼儿园教师的资格审定工作。（2）幼儿园教师由主办单位依据幼儿园教师任职条件任命或聘任，并填写“北京市幼儿园教师资格审定表”到所在区、县教育局办理资格审定手续。（3）凡经审定合格的教师，由区、县教育局颁发“北京市幼儿园教师资格证书”；对在职教师不具备教师任职条件的，幼儿园主办单位要积极创造条件，市、区（县）教育行政部门负责对他们进行培训，待其达到教师任职条件后，再履行资格审定手续；对不宜继续担任幼儿园教师的，应逐步调换。（4）幼儿园教师资格审定工作每年进行一次。

1994 年 1 月至 9 月，北京市教育局在西城区幼儿园进行园长、教师资格审定试点工作。西城区教育局根据《北京市幼儿园教师资格审定办法》（试行），结合本地区的实际情况，对各类型幼儿园教师进行资格审定试点工作。年内，北京市首次为 100 名农村骨干幼儿教师办理“农转非”。

1995 年 12 月 12 日，国务院颁布《教师资格条例》，规定幼儿园教师资格是教师资格的一种，幼儿园教师资格由申请人户籍所在地或者申请人任教学校所在地的县级人民政府教育行政部门认定。

1996 年 5 月 27 日，北京市公布《关于 1996 年北京市中学小学中等师范学校职称改革工作的意见》（幼儿园包含在小学中），规定：职务限额的管理按照市职改办京职改办字〔1995〕028 号《关于“九五”期间我市普教系统专业技术职务实行结构比例控制的意见》执行。从 1997 年开始，中小学、中等师范学校教师必须具备规定学历才能晋升高一级职务。从 1998 年开始，1961 年 1 月 1 日以后出生的小学教师，申报小学高级教师职务必须具有大专学历；1951 年 1 月 1 日以后出生的小学教师，申报中学高级教师职务必须具有大专学历。6 月 1 日，北京市开始执行教育部颁发的《幼儿园工作规程》，该规程第三十七条规定：幼儿园教师必须具有《教师资格条例》规定的幼儿园教师资格，实行聘任制。

1997 年 4 月 17 日，市教委印发《北京市贯彻〈教师资格认定的过渡办法〉的实施意见》。凡 1993 年 12 月 31 日在岗、在编的各级各类学校和其他教育机构中从事教育教学工作的教师（统称在职教师）及承担教育教学任务的其他专业技术人员、教育职员（统称其他人员），符合教师资格过渡条件的，均可参加教师资格过渡。教师资格分为七类，幼儿园教师资格是其中一类。申请幼儿园教师资格应当具备幼儿师范学校毕业及以上学历，或者具有小学或幼儿园教师职务；各区、县所属幼儿园教师资格，由学校审核后报学校所在区、县教育行政部门认定；局、总公司所属幼儿园教师资格，由学校送主管局、总公司人事部门审核后报学校所在区、县教育行政部门认定；中央各部委所属幼儿园教师资格，由学校送主管部委人事部门审核后，报学校所在区、县教育行政部门认定；其他类型的幼儿园教师资格，由幼儿园送主管部门审核后，报所在区、县教育行政部门认定。市教委规定经过教师资格过渡，已取得教师资格尚不具备《中华人民共和国教师法》（以下简称《教师法》）规定学历的教师，应经过进修培训达到《教师法》规定的学历要求。此后进入各级各类幼儿园任教的教师必须具备《教师法》规定的教师资格条件。

1999 年 3 月 26 日，北京市公布《关于进一步做好北京市教育系统职称改革工作的通知》，要求严格实行专业技术职务聘任制，加强岗位设置，按岗择优评聘，实行竞争上岗，职务能上能下，并对学历（学位）和任职年限提出要求。

2001 年 7 月 5 日，市教委发布《北京市贯彻教师资格条例实施办法的实施意见》。幼儿园教师资格由各区、县教委（教育局）认定，除“热爱教育事业，具有良好的思想品德，能够履行《教师法》规定的下列义务”之外，还应当具备幼儿师范学校毕业或以上学历。北京市首次认定教师资格的范围是具备《教师法》规定的教师资格条件的人员，主要是 1994 年 1 月 1 日以后补充到教师队伍中的在职教师，申请认定幼儿园教师资格人员补修教育学、心理学课程，由北京幼儿师范学校负责组织培训；申请认定幼儿园教师资格者，非师范教育类的中等专业学校毕业学历视为不合格学历。年内，怀柔、延庆、密云等区县针对农村小幼一体化过程中，相当一批小学教师转到中心幼儿园任教的情况，集中几个月时间系统培训小学转岗教师有关幼儿教育理论和技能技巧，使农村幼儿教师队伍的整体素质明显提高。

2002 年 3 月 5 日，市教委公布《北京市教师资格教育教学能力测试标准及办法》，规定幼儿园教师资格教育教学能力主要从职业道德、仪表与心理素质、专业知识和能力、活动设计、专业技能、自我评价和综合表现 7 个方面进行测试。（1）职业道德：热爱幼教工作，热爱幼儿；遵守教师职业道德规范，具有严谨的工作作风和敬业精神。（2）仪表与心理素质：仪表、服饰、举止、谈吐符合教师要求；身心健康，乐观开朗，情绪稳定。（3）专业知识和能力：有扎实的幼教专业知识和较为广博的相关学科知识；有正确的、先进的教育理念。（4）活动设计：活动设计规范完整，思路清晰，目标明确；充分考虑幼儿身心特点和认知规律，各领域教育内容有机联系，相互渗透，注重综合性、趣味性、活动性；

会设计与利用教育环境。(5)专业技能：体现保教结合的原则，关注幼儿的健康与安全；会观察幼儿，了解、判断幼儿的发展水平；会与幼儿进行交流，有良好的语言和非语言表达能力；活动的组织形式灵活多样，有一定的教育机制；有一定的艺术特长;会采用适宜的教育方法和现代化的教育手段。(6)自我评价：具有对本人的教育思想、行为、活动设计与实施效果反思、评价的能力，会提炼教育经验。(7)综合表现：活动过程中能体现保教结合的原则，爱与尊重儿童的原则，正面教育的原则，面向全体并注重个别差异的原则。能根据教育要求创设与利用环境，注重活动的过程，注意调动儿童的各种感官去认知事物。

2004年2月27日，市教委公布《关于全面实施教师资格制度的通告》。自2004年起，全面实施教师资格制度，幼儿园教师资格由各区县教委认定，每年春季和秋季各受理一次。

表5-3　　1991年至2000年北京市各级各类幼儿园教师学历情况统计表　　单位：人

年份	合计	高等师范毕业及以上	中师毕业	职高幼师专业毕业	非师范毕业	
					高中毕业及以上	初中毕业及以下
1991	18788	824	13252	897	3407	408
1992	18513	721	7293	3105	3656	3738
1993	18114	745	7337	3111	3474	3447
1994	17413	818	7512	2883	3146	3054
1995	16084	822	7273	2667	2851	2471
1996	14792	861	7474	2716	2121	1620
1997	14596	1078	7782	2443	1889	1404
1998	13841	1256	7386	2249	1899	1051
1999	13216	1453	7441	1999	1454	869
2000	12595	2128	6824	1698	1271	674

表5-4　　2001年至2010年北京市各级各类幼儿园教师学历、职称情况统计表　　单位：人

年份	合计	按学历分					按职称分					
		研究生毕业	本科毕业	专科毕业	高中阶段	高中阶段以下	中学高级	小学高级	小学一级	小学二级	小学三级	未评职称
2001	12479	14	335	4144	7333	653	98	2398	4736	1908	277	3062
2002	12127	11	451	5269	5990	406	130	2489	4703	1693	166	2946
2003	13056	32	643	6080	5985	316	65	2647	4653	1639	198	3854
2004	14208	52	977	7345	5458	376	46	2873	4692	1778	187	4632
2005	14813	53	1582	8126	4808	244	15	3185	4762	1840	211	4800
2006	15632	73	19964	8590	4716	289	50	3458	4654	1724	237	5509
2007	17013	60	2702	9294	4638	319	27	3652	4865	1587	219	6663
2008	18176	62	3559	9737	4564	254	31	3853	4761	1619	172	7740
2009	19752	87	4726	10159	4625	155	51	3985	4833	1792	188	8903
2010	21677	95	5536	11241	4462	343	79	4068	4893	1717	241	10679

二、工作职责与要求

1990 年《幼儿园工作规程（试行）》规定教师职责为 6 条，1996 年新修订的《幼儿园工作规程》规定幼儿园教师对本班工作全面负责，将原文件中的第一、二条职责合并，形成 5 条主要职责：（1）观察、了解幼儿，依据国家规定的幼儿园课程标准，结合本班幼儿的具体情况，制订和执行教育工作计划，完成教育任务；（2）严格执行幼儿园安全、卫生保健制度，指导并配合保育员管理本班幼儿生活和做好卫生保健工作；（3）与家长保持经常联系，了解幼儿家庭的教育环境，商讨符合幼儿特点的教育措施，共同配合完成教育任务；（4）参加业务学习和幼儿教育研究活动；（5）定期向园长汇报，接受其检查和指导。

2003 年 8 月，《北京市贯彻〈幼儿园教育指导纲要（试行）〉实施细则》（2006 年修订）规定教师在教育工作中做到：不断地提高自身修养，用自己的情感、态度、言行举止给幼儿以积极的影响。热爱、尊重每一个幼儿，善于观察幼儿，对本班幼儿的年龄特点和个体差异以及家庭成长环境有充分的了解。根据本班幼儿的实际情况制订班级教育计划，灵活地实施教育，成为幼儿学习活动的支持者、合作者、引导者，使每个幼儿都能获得不同程度的发展。尊重家长，主动与家长沟通，并与家长合作，共同促进幼儿身心健康发展。善于开展社区学前教育工作，发现并利用社区和周边生活中的教育资源，合理地组织教育内容。至 2010 年，教师工作职责与要求一直执行上述规定。

三、队伍建设

1991 年，各类幼儿园组织职工学习《幼儿园工作规程（试行）》《幼儿园管理条例（试行）》，更新教育观念，进一步加深对幼儿园性质、任务、保教目标的认识。市教育局在全市教育系统青年教师中开展“让青春在幼教事业中闪光”的演讲竞赛活动，49 名优秀保教人员受到表彰；举行学前知识竞赛，16 个区县 24 个代表队参赛，门头沟区城子幼儿园获一等奖。

1993 年，幼儿园教师中 35 岁以下青年占 70% 以上，市、区教育局贯彻落实“五四工程”，把青年教师培养工作列入工作计划，重点抓思想教育和技能培训，在工作中给任务、压担子，在实践中增长才干；开展青年教师“半日活动”评优活动，区县评出优秀教师 239 人，市级评出优秀教师 38 人。当年 18 个区县培养青年骨干教师 347 人。

1994 年，市教育局组织青年教师“半日活动”观摩活动，17 名“半日活动”

优秀教师为全市各类幼儿园做观摩活动；将部分优秀青年教师的教育经验汇编成《教育经验汇编》；继续推进“五四工程”，全市 18 个区县建立了市、区县、幼儿园三级骨干教师队伍，全市区县级骨干教师 305 人，市级骨干教师 65 人。

1995 年，市教育局组织区县部分青年骨干教师开展“半日活动”评优，44 名教师参加活动。

1997 年，市教委在全市学前教育系统中开展“精心育人，优质服务”主题职业道德教育活动。各区县教委、文教办、教育局组织幼儿园教职工学习十四届六中全会决议和《幼儿园工作规程》，从完成好幼儿园的双重任务出发，对全体教职工进行职业道德教育。在提高认识的基础上，结合实际研究和制定为幼儿及家长服务的措施。9 月，市教委举办“精心育人，优质服务”学前教育系统青年教师职业道德演讲比赛。

2002 年 4 月 22 日，北京市《教师“十五”时期继续教育工作的意见》公布，将幼儿园取得教师资格证书的在职教师纳入继续教育范围，提出到 2005 年幼儿园在职教师中 20% 以上达到大专以上学历的目标。10 月，市教委公布上述文件的配套文件，包括“十五”计划时期继续教育管理办法、详细规定考核办法、公共必修课的培训、学科课程设置等。

为解决学前教育高水平师资缺乏的问题，经首都师范大学和北京幼儿师范学校协商、市教委同意从中等职业学校幼教或相关专业的毕业生中，通过北京市高等职业教育单考单招学前教育专业（艺术类）本科学生 42 人，两校联合培养。市教委委托北师大教育系举办 2 期幼儿教师继续教育必修课和选修课培训，229 名教师参加学习。

2003 年 5 月 20 日，市教委印发《北京市幼儿园中小学中等职业学校教师学科教学带头人骨干教师选拔和管理暂行办法》，对幼儿园市级学科教学带头人、骨干教师的选拔和管理做了具体规定。

2004 年 8 月 29 日，市教委发布《关于开展幼儿园骨干教师拜师活动的通知》，于 9 月启动幼儿园特级教师行动计划，开展特级教师与市、区级骨干教师“手拉手”的拜师活动，充分发挥全市学前教育系统特级教师“传、帮、带”的作用，培养造就一批高水平的骨干教师和学科带头人，促进幼儿科学、健康、和谐、快乐地发展。每个区县教委推荐 1 所有市或区级骨干教师的幼儿园参与拜师活动，在教育教学实践过程中选拔热爱幼儿、热爱幼教事业、具有良好教育能力的骨干教师为培养对象，在特级教师的言传身教下，使教师能较好地将先进教育理念与优良的教育传统渗透在幼儿园的一日生活之中，不断提高教育教学实践能力，能针对本园或本班的实际进行教育教学研究，研究成果有推广价值；能承担市级以上高质量的公开教育教学活动；能指导普通教师进行教育教学研究。首批 7 名幼儿园特级教师与 18 个区县的 22 所幼儿园教师建立师徒关系（见表 5–5）。

11 月至 12 月，市教委在全市范围内开展幼儿园保教职工队伍专项清理排查工作，主要清查现有的教职工和从业人员是否符合有关的资格要求，有无精神病和传染病等；新录用或聘任教职工（包括临时工）是否有严格的准入制度和用人标准；是否有妥善措施安置不适合在幼儿园工作的人员；是否对教职工有严格的职业要求和违反职业道德的处理办法。以自查为主，幼儿园能自行解决的要立即解决，无法自行解决的要及时报告上级主管部门。

表 5–5　　2004 年师带园一览表

<table>
<tr><th>序号</th><th>特级教师</th><th>拜师单位</th><th>所在区县</th></tr>
<tr><td>1</td><td>王继芬</td><td>东华门幼儿园</td><td>东城区</td></tr>
<tr><td rowspan="3">2</td><td rowspan="3">沈心燕</td><td>棉花胡同幼儿园</td><td>西城区</td></tr>
<tr><td>房山幼儿园</td><td rowspan="2">房山区</td></tr>
<tr><td>燕山幼儿园</td></tr>
<tr><td rowspan="3">3</td><td rowspan="3">居贻桐</td><td>北京市第五幼儿园</td><td>崇文区</td></tr>
<tr><td>东里幼儿园</td><td>通洲区</td></tr>
<tr><td>昌平教工幼儿园</td><td>昌平区</td></tr>
<tr><td rowspan="4">4</td><td rowspan="4">李玉英</td><td>宣武区实验幼儿园</td><td rowspan="2">宣武区</td></tr>
<tr><td>槐柏幼儿园</td></tr>
<tr><td>黄村第二幼儿园</td><td>大兴区</td></tr>
<tr><td>门头沟区幼儿园</td><td>门头沟区</td></tr>
<tr><td rowspan="4">5</td><td rowspan="4">芦姗姗</td><td>和平街幼儿园</td><td>朝阳区</td></tr>
<tr><td>北京市第一幼儿园</td><td>东城区</td></tr>
<tr><td>实验幼儿园</td><td>石景山区</td></tr>
<tr><td>怀柔第二幼儿园</td><td>怀柔区</td></tr>
<tr><td rowspan="3">6</td><td rowspan="3">林静华</td><td>六一幼儿院</td><td>海淀区</td></tr>
<tr><td>青塔第二幼儿园</td><td>丰台区</td></tr>
<tr><td>密云第四幼儿园</td><td>密云县</td></tr>
<tr><td rowspan="3">7</td><td rowspan="3">康德英</td><td>新城幼儿园</td><td>延庆县</td></tr>
<tr><td>平谷第一幼儿园</td><td>平谷区</td></tr>
<tr><td>仁和中心园</td><td>顺义区</td></tr>
</table>

2006 年 7 月，经各区县教委和相关部门、单位推荐、评选，市教委对在“十五”期间“辛勤育苗”活动中做出突出成绩的中共中央办公厅警卫局管理处等 128 个“辛勤育苗学前教育工作先进单位”和迟芳等 560 名“辛勤育苗优秀学前教育工作者”予以表彰。同年，根据《关于开展第二期农村乡镇幼儿园转岗教师培训的通知》，北京幼儿师范学校统筹，分别在大兴区、房山区、顺义区幼教培训中

心和幼儿师范学校设置教学点，培训门头沟、延庆等 10 个区县 210 名转岗教师，为期一学年。

2007 年，为确保《北京市“十一五”时期学前教育事业发展目标的实施意见》提出的“加强师资队伍建设，全市幼儿园教师 80% 达到大专以上学历。培养 100 名有中高级职称水平的一线幼儿教师，10 名以上幼儿特级教师”目标的实现，给一线教师有效的支持和指导，市教委决定建立北京市学前教育教师培养工作室，由 1 名主持人、10 ~ 15 名工作室成员（培养对象）组成。三年为一个工作周期。工作室主持人条件：（1）具备市级及以上称号的优秀园长、特级教师、学科带头人，在某一领域有突出建树。（2）有丰富的教育教学、管理的理论知识和实践经验，具有较强研究能力，善于将理论应用于实践，并在实践中总结规律。（3）具有奉献精神，师德高尚。（4）具有较强的协调能力，善于与人合作，营造良好的研究氛围，带动教师不断成长。（5）身体健康状况良好。工作室成员（培养对象）条件：（1）区县学前教育机构的骨干教师、园长、业务园长。（2）热爱学前教育事业，业务能力突出，踏实肯干，模范履行职责，具有良好的职业道德。（3）年龄在 45 岁以下，大学学历（或在读），有 5 年以上工作经历。工作室实行市、区两级管理。市教委学前教育处根据全市学前教育发展的需要统筹规划、指导工作室工作，定期检查工作室工作开展情况。各区县教委具体负责工作室的日常管理。“十一五”期间，全市成立 11 个工作室，培养了 100 名学前教育骨干人才（见表 5-6）。

表 5-6　　2007 年北京市学前教育教师培养工作室一览表

序号	主持人	单位	工作室所在地
1	梁雅珠	北京市早期教育研究所	东城区分司厅幼儿园
2	徐明	北京市早期教育研究所	石景山区八角北路幼儿园
3	冯惠燕	北京市第一幼儿园	北京市第一幼儿园
4	朱小娟	北京市第五幼儿园	北京市第五幼儿园
5	沈心燕	西城区教研室	西城区棉花胡同幼儿园
6	张澜、国秀华	北京师范大学实验幼儿园	北京师范大学实验幼儿园
7	柳茹	北京市北海幼儿园	北京市北海幼儿园
8	吴欣萍	宣武区实验幼儿园	宣武区实验幼儿园
9	刘红霞	丰台区教研室	丰台区方庄第二幼儿园
10	刘占兰	中央教科所	朝阳区安华第二幼儿园
11	张燕	北京师范大学	延庆县第三幼儿园

2008 年 3 月，市教委启动幼儿教师基本功展评活动，制定《北京市教育委员会关于开展幼儿教师教育教学基本功展评活动的通知》和《北京市幼儿教师教育

教学基本功展评活动考纲说明（试行）》，印制 2 万册“考纲”发放到各级各类幼儿园。采用淘汰赛制，考核内容分笔试、口试和才艺展示 3 部分。全市 1 万名幼儿教师报名参加初赛，198 人入选决赛。4 月，市教委举办第 4 期转岗教师专业化培训，内容涉及学前教育理论和幼儿园教育教学实践两方面，每期培训 1000 学时，由北京幼儿师范学校承担培训任务，投入专项经费 200 万元，来自 10 个郊区县 218 名由小学转岗到乡镇中心园任职教师参加学习。

2009 年 10 月 20 日，市教委召开幼儿园教师教育教学基本功展评活动总结表彰会。会议表彰个人全能特等奖 9 人，个人全能一等奖 27 人、二等奖 43 人、三等奖 119 人，技能技巧单项奖 45 人，现代信息技术应用能力单项奖 14 人，笔试单项奖 10 人，口试单项奖 12 人，优秀指导奖 7 人，优秀组织奖 12 个。

2010 年，市教委开展幼儿教师职后培训和继续教育，并结合《北京市贯彻〈幼儿园教育指导纲要（试行）〉实施细则》，细化北京市幼儿教师教育工作评价标准，计划用 3 年时间，狠抓幼儿教师教育教学基本功，不断引领、提升幼儿教师专业化水平，提高幼儿教师整体素质。至年底，幼儿教师专科及以上学历 16872 人，占总数的 77.83%；小学三级以上职称 10998 人，占总数的 50.74%。

第三节　保育员

保育员是在托幼园所、社会福利机构及其他保育机构中，辅助教师负责婴幼儿保健、养育和协助教师对婴幼儿进行教育的人员。保育员在幼儿的发展中扮演着照顾者、教育者等多种角色，对幼儿的身心健康、行为习惯以及个性、情感等各方面均产生着深刻的影响。

一、职业资格

1990 年《幼儿园工作规程（试行）》规定，保育员除具备幼儿园工作人员基本条件外，还应具备初中毕业以上学历，并受过幼儿保育职业培训。

1994 年，市教育局和人事局共同组织全市各类园所保育员技术等级考试。650 所幼儿园、托儿所的保育员 4845 人参加专业理论考试，其中，报考初级保育员 800 人、中级保育员 3800 人、高级保育员 245 人；另有按规定可免试者 1000 人。最终认定初级保育员 865 人，中级保育员 3796 人，高级保育员 192 人。

1995 年 11 月 1 日，劳动部办公厅印发《保育员国家职业技能标准（试行）》，将保育员职业等级分成初级、中级、高级三个等级，并对应不同的知识和技能要求。

市教育局制定《幼儿园保育员技术等级标准（试行）》，规定各级保育员应具备的条件：拥护中国共产党的领导，热爱社会主义祖国；品德良好，为人师表；热爱保育工作，热爱幼儿；忠于职责，身体健康；受过幼儿保育职业培训考核。

2009 年 5 月 25 日，人力资源和社会保障部组织重新修订的《保育员国家职业技能标准》开始实施，规定初级（国家职业资格五级）、中级（国家职业资格四级）、高级（国家职业资格三级）保育员的鉴定方式分为理论知识考试和技能操作考核，理论知识考试采用闭卷笔试方式，技能操作考核采用现场实际操作方式。理论知识考试和技能操作考核均实行百分制，成绩皆达 60 分以上者为合格。

初级保育员申报条件（具备以下条件之一者）：（1）经本职业初级正规培训达规定标准学时数，并取得毕（结）业证书；（2）在职业连续见习工作 2 年以上（3）本职业学徒期满。

中级保育员申报条件（具备以下条件之一者）：（1）取得本职业初级职业资格证书后，连续从事本职业工作 3 年以上，经本职业中级正规培训达规定标准学时数，并取得毕（结）业证书；（2）取得本职业初级职业资格证书后，连续从事本职业工作 5 年以上；（3）连续从事本职业工作 7 年以上；（4）取得经劳动保障行政部门审核认定的、以中级技能为培养目标的中等以上职业学校本职业（专业）毕业证书。

高级保育员申报条件（具备以下条件之一者）：（1）取得本职业中级职业资格证书后，连续从事本职业 5 年以上，经本职业高级正规培训达规定标准学时数，并取得毕（结）业证书；（2）连续从事本职业工作 15 年以上。

对保育员的基本要求包括职业道德和基础知识两部分，职业守则包括：（1）爱岗敬业，热爱幼儿；（2）为人师表，遵纪守法；（3）积极进取，开拓创新；（4）尊重家长，热情服务；（5）文明礼貌，团结协作。保育员应该掌握的基础知识包括：（1）婴幼儿生理、心理教育的基本知识，包括婴幼儿生理学、卫生保健、心理保健和教育学知识；（2）常见病及常见传染病的基础知识，包括婴幼儿常见病和常见传染病知识；（3）婴幼儿常见意外常识；（4）婴幼儿营养常识；（5）有关法律、法规知识，包括未成年人保护法、劳动法、教育法、幼儿园工作规程、幼儿园饮食卫生条例等相关知识。

二、工作职责

《幼儿园工作规程》规定保育员的主要职责包括：负责本班房舍、设备、环境的清洁卫生工作；在教师指导下管理幼儿生活，并配合本班教师组织教育活动；在医务人员和本班教师指导下，严格执行幼儿园安全、卫生保健制度；妥善保管幼儿衣物和本班的设备、用具。

2003 年 9 月实施的《北京市贯彻〈幼儿园教育指导纲要（试行）〉实施细则》规定：保育员也是教育工作者，其行为同样对幼儿具有潜移默化地影响。保育员应当结合生活中的各个环节正面而积极地影响幼儿，与教师密切配合，使幼儿生活安全、快乐；活动主动、积极，身心得以健康发展。

保育员工作内容与幼儿一日生活和教育活动密切相关。《保育员国家职业技能标准》（2009 年修订）对初级、中级、高级的技能要求依次递进，高级别包括低级别的要求（见表 5-7）。

表 5-7　　2009 年保育员国家职业技能标准一览表

职级	职业功能	工作内容	技能要求	相关知识
初级保育员	一、清洁消毒	（一）环境卫生	1. 能够做到幼儿园设施、日常用品无尘土，物品摆放整齐。2. 能够做到盥洗室的设施无垢、无味、无蝇，地面清洁无死角、无积水。3. 能够根据季节变化和室内温度开窗通风	1. 清洁卫生的操作程序和注意事项。2. 开窗通风的作用
		（二）消毒	1. 能够在一日生活各环节对婴幼儿的日常物品、设施进行消毒。2. 能够在保健医生的指导下，配制常用的消毒液	1. 幼儿园常用的消毒方法。2. 常用消毒液的作用
	二、生活管理	（一）晨、午、晚检与体检	能够协助保健医生和教师进行晨、午、晚检与体检	1. 晨、午、晚检的内容和程序。2. 身高、体重测量的使用方法
		（二）进餐	1. 能够在进餐前根据天气情况对饭菜进行保温、保洁。2. 能够按照婴幼儿不同年龄要求分发餐具。3. 能够根据婴幼儿的个别差异分发、添加饭菜。4. 能够为婴幼儿营造好的进餐环境	1. 分发饭菜的程序和要求。2. 愉快进餐的条件
		（三）饮水	1. 能够清洗水桶并更换当日水。2. 能够根据婴幼儿的活动量、天气、饮食情况提供温度适宜的饮水。3. 能够照顾和组织不同年龄班的婴幼儿安静饮水并培养婴幼儿良好的饮水习惯	1. 不同年龄、不同情况下婴幼儿的饮水量知识 2. 饮水对婴幼儿健康的作用
		（四）盥洗、如厕	1. 能够为婴幼儿准备盥洗用的消毒毛巾。2. 能够照顾婴幼儿洗手、洗脸、洗脚、洗臀部。3. 能够做好婴幼儿大、小便的照顾和清洁工作	婴幼儿洗手、洗脸、洗脚、洗臀部及擦屁股的方法
		（五）睡眠	1. 能够为婴幼儿提供安静的睡眠环境。2. 能够发现并纠正婴幼儿的不良睡姿。3. 能够处理婴幼儿的遗尿问题。4. 能够帮助、指导婴幼儿穿脱衣服、晾被、叠被、整理铺床	1. 穿脱衣服的程序和注意事项。2. 准备及整理睡眠室、寝具的程序和要求。3. 正确的睡眠姿势、方法
		（六）物品保管	1. 能够做到本班的设备、用具不丢失、不损坏。2. 能够及时更换本班设备	物品保管的知识
	三、配合教育活动	（一）室内教育活动	1. 能够做保育工作记录。2. 能够做好活动前的准备和活动结束的整理工作。3. 能够纠正婴幼儿的不良姿势	1. 活动材料知识。2. 婴幼儿活动知识
		（二）室外教育活动	1. 能够做好室外活动材料、场地的准备和收尾整理工作。2. 能够协助教师组织婴幼儿活动	1. 活动材料知识。2. 婴幼儿活动知识

续表 5–7

职级	职业功能	工作内容	技能要求	相关知识
	四、安全工作	(一)常规安全措施	1. 能够选择安全的活动材料和活动场地。2. 能够随时检查婴幼儿的衣着	环境设备的安全、卫生要求知识
		(二)防止意外伤害	1. 能够妥善保管危险用品。2. 能够处理常见的小外伤	1. 常见危险品的安全知识。2. 常见外伤的处理常识
中级保育员	一、清洁消毒	消毒	能够独立配制常用的消毒液	配制日常消毒液的方法
	二、生活管理	(一)晨、午、晚检及体检	能够独立进行晨、午、晚检的方法	晨、午、晚检的方法
		(二)进餐	1. 能够指导中心、大班值日生工作。2. 能够向婴幼儿介绍饭菜的营养成分。3. 能够指导大班幼儿自取食物。4. 能够纠正婴幼儿不良的进餐姿势	1. 值日生的指导方法。2. 正确的进餐姿势
		(三)盥洗、如厕	1. 能够按照盥洗要求指导婴幼儿盥洗。2. 能够培养婴幼儿爱清洁的习惯	婴幼儿盥洗的程序、方法和要求
		(四)睡眠	能够掌握个别婴幼儿的排尿规律并及时提醒排尿	遗尿发生的原因和预防方法
	三、配合教育活动	(一)室内教育活动	1. 能够按照教师的要求与参与婴幼儿部分游戏的教学活动。2. 能够对保育工作进行专题总结和制作玩、教具。3. 能够帮助和指导个别婴幼儿参与活动	1. 不同类型的游戏和教育活动的内容、方法。2. 各种电化教具的操作知识
		(二)室外教育活动	1. 能够根据气温的活动量随时给婴幼儿增减衣服。2. 能够照顾体弱儿、肥胖儿	体弱儿的护理方法
	四、安全工作	(一)常规安全措施	能够观察婴幼儿的行为并杜绝事故隐患	观察幼儿行为的方法
		(二)防止意外伤害	能够处理常见的意外事故	意外事故的处理方法
高级保育员	一、清洁消毒	消毒	能够在保健医生指导下对常见传染病进行预防和消毒	常见传染病的预防、消毒措施
	二、生活管理	(一)晨、午、晚检及体检	能够根据婴幼儿身体表现判断其健康状况	婴幼儿生病的迹象知识
		(二)预防接种	能够协助保健医生做好预防接种的护理工作	预防接种护理要求及注意事项
		(三)进餐	1. 能够在进餐中照顾体弱儿、挑食儿、肥胖儿。2. 能够培养幼儿文明进餐的习惯	1. 婴幼儿的进餐心理知识。2. 文明进餐的要求
		(四)盥洗、如厕	1. 能够有序地组织婴幼儿盥洗。2. 能够培养婴幼儿良好的排便习惯。3. 能够观察并发现婴幼儿大、小便的异常	1. 婴幼儿盥洗过程中常见的问题。2. 大、小便异常的相关知识。3. 培养婴幼儿排泄习惯的相关知识
		(五)睡眠	1. 能够培养婴幼儿良好的睡眠习惯。2. 能够发现婴幼儿睡眠中的身体和行为异常	睡眠中容易出现的生理和行为问题
	三、配合教育活动	(一)室内教育活动	1. 能够了解教师的教育计划，并主动配合教育活动。2. 能够用正确的观念指导婴幼儿游戏和教育活动。3. 能够解决游戏和教学活动中出现的问题	1. 技能教育知识。2. 不同类型游戏活动与指导方法
		(二)室外教育活动	能够独立组织户外活动	婴幼儿体质测定知识及基本动作要领知识
		(三)环境创设	能够根据教育目标及内容协助教师进行环境创设	环境创设知识

续表 5–7

职级	职业功能	工作内容	技能要求	相关知识
	四、安全工作	安全教育	能够对婴幼儿进行安全教育	1. 常见事故发生的原因。 2. 婴幼儿安全教育的相关知识
	五、培训与指导	实际操作指导	能够在一日生活中对初、中级保育员工作进行指导	指导的相关知识

第四节　其他工作人员

幼儿园按照编制标准，还设置卫生保健人员、事务人员、炊事员和其他工作人员，其资格和职责，参照政府的有关规定执行。

一、卫生保健人员

2010 年国家《托儿所幼儿园卫生保健管理办法卫生保健人员》规定卫生保健人员包括医师、护士和保健员。医务人员除具备幼儿园工作人员基本要求外，在卫生室工作的医师应当取得卫生行政部门颁发的“医师执业证书”，护士应当取得“护士执业证书”。在保健室工作的保健员应当具有高中以上学历，经过卫生保健专业知识培训，具有托幼机构卫生保健基础知识，掌握卫生消毒、传染病管理和营养膳食管理等技能。

幼儿园医务人员对全园幼儿身体健康负责，其主要职责包括：（1）协助园长组织实施有关卫生保健方面的法规、规章和制度，并监督执行；（2）负责指导调配幼儿膳食，检查食品、饮水和环境卫生；（3）密切与当地卫生保健机构的联系，及时做好计划免疫和疾病防治等工作；（4）向全园工作人员和家长宣传幼儿卫生保健等常识；（5）妥善管理医疗器械、消毒用具和药品。

北京市幼儿园按照劳动人事部、国家教委《全日制、寄宿制幼儿园编制标准（试行）》（1987 年 3 月）配备保健人员：全日制幼儿园一般配 1 人，幼儿超过 200 名时酌情增加；寄宿制幼儿园一般配 2 人，幼儿超过 200 名时酌情增加。1995 年《北京市托儿所、幼儿园卫生保健管理实施细则》对保健人员的配备标准做了细化：日托儿童 100 名以下，全托儿童 50 名以下，至少设专职或兼职保健人员 1 名；日托儿童 100 ~ 150 名，全托儿童 50 ~ 100 名设专职儿童保健医（护）师（士）1 ~ 2 名；每增加 100 名儿童增设儿童保健医（护）师（士）1 名。兼职保健人员必须由幼儿园在职人员兼任，并在开始 1 年内受过 2 个月卫生保健的理论学习与进修。2010 年国家《托儿所幼儿园卫生保健管理办法卫生保健人员》规定托幼机构聘用卫生保健人员应当按照收托 150 名儿童至少设 1 名专职卫生保健人员的比例配备卫生保健人员。收托 150 名以下儿童的，应当配备专职或者兼职卫生保健人员。

二、炊事员

《幼儿园工作规程》规定幼儿园为幼儿提供合理膳食，编制营养平衡的幼儿食谱，定期计算和分析幼儿的进食量和营养素摄取量。炊事员是幼儿膳食的制作者，其资格和职责，参照政府的有关规定执行，坚持持证上岗。

《全日制、寄宿制幼儿园编制标准（试行）》（1987 年 3 月）规定，每日三餐一点的幼儿园，每 40 ~ 45 名幼儿配炊事员 1 人，少于三餐一点的幼儿园酌减。

三、财会人员

幼儿园财会人员根据国家和地方有关财会工作规定配备，其资格和职责参照政府的有关规定执行。《全日制、寄宿制幼儿园编制标准（试行）》（1987 年 3 月）规定 3 个班以上的幼儿园设专职会计 1 人，出纳视幼儿园规模大小设专职或兼职 1 人。

四、安保人员

幼儿园安保人员根据国家和地方有关安保工作规定配备。2004 年，北京市幼儿园主办部门投资为部分幼儿园安装安全监控设施，配备专职保安员，加强安全保卫工作。2006 年 6 月 30 日，教育部公布《中小学幼儿园安全管理办法》，规定学校应当建立校内安全工作领导机构，实行校长负责制；应当设立保卫机构，配备专职或者兼职安全保卫人员，明确其安全保卫职责。2007 年 3 月 12 日，市教委发布《关于做好 2007 年中小学幼儿园安全工作的意见》，提出要在现有编制内选择思想觉悟高、工作能力强的人员担任专职保卫干部。2010 年 5 月 13 日，市教委发布《关于加强全市中小学幼儿园安全工作的意见》，提出幼儿园要选拔思想觉悟高、责任意识强、工作经验丰富的人员从事校园安全管理工作，并明确各岗位工作职责，有条件的学校要设立专门的安全保卫机构；尚未配备或现有安保力量不能满足工作需要的学校，要根据学校现有规模聘用、聘足正规保安人员。

表 5–8　　1991 年至 2010 年各级各类幼儿园职工人数统计表　　单位：人

年份	合计	教职工人数			
		其中			
		园长	教师	保健员	其他
1991	49472	3290	18788	1366	26028

续表 5-8

教职工人数					
年份	合计	其中			
		园长	教师	保健员	其他
1992	48007	3130	18513	1317	25047
1993	44741	6754	18114	1264	18609
1994	42118	2969	17413	1142	20594
1995	38549	2752	16084	1076	18637
1996	33586	2216	14792	1161	15417
1997	32811	2300	14596	1198	14717
1998	30362	2142	13841	1116	13263
1999	29367	2058	13216	1117	12976
2000	27257	1851	12595	1059	11752
2001	26106	1692	12479	1193	10742
2002	25402	1559	12127	1205	10511
2003	26324	1569	13056	1261	10438
2004	28326	1606	14208	1391	11121
2005	28026	1513	14813	1337	10363
2006	28958	1593	15632	1426	10307
2007	30465	1548	17013	1335	10569
2008	32535	1620	18176	1481	11258
2009	34973	1679	19752	1603	11939
2010	37227	1710	21677	1672	12168

附 录

幼儿园管理条例
中华人民共和国国家教育委员会令第 4 号
（1989 年 9 月 11 日发布）

第一章 总则

第一条 为了加强幼儿园的管理，促进幼儿教育事业的发展，制定本条例。

第二条 本条例适用于招收三周岁以上学龄前幼儿，对其进行保育和教育的幼儿园。

第三条 幼儿园的保育和教育工作应当促进幼儿在体、智、德、美诸方面和谐发展。

第四条 地方各级人民政府应当根据本地区社会经济发展状况，制定幼儿园的发展规划。

幼儿园的设置应当与当地居民人口相适应。

乡、镇、市辖区和不设区的市的幼儿园的发展规划，应当包括幼儿园设置的布局方案。

第五条 地方各级人民政府可以依据本条例举办幼儿园，并鼓励和支持企业事业单位、社会团体、居民委员会、村民委员会和公民举办幼儿园或捐资助园。

第六条 幼儿园的管理实行地方负责、分级管理和各有关部门分工负责的原则。

国家教育委员会主管全国的幼儿园管理工作；地方各级人民政府的教育行政部门主管本行政辖区内的幼儿园管理工作。

第二章　举办幼儿园的基本条件和审批程序

第七条　举办幼儿园必须将幼儿园设置在安全区域内。严禁在污染区和危险区内设置幼儿园。

第八条　举办幼儿园必须具有与保育、教育的要求相适应的园舍和设施。幼儿园的园舍和设施必须符合国家的卫生标准和安全标准。

第九条　举办幼儿园应当具有符合下列条件的保育、幼儿教育、医务和其他工作人员：

（一）幼儿园园长、教师应当具有幼儿师范学校（包括职业学校幼儿教育专业）毕业程度，或者经教育行政部门考核合格。

（二）医师应当具有医学院校毕业程度，医士和护士应当具有中等卫生学校毕业程度，或者取得卫生行政部门的资格认可。

（三）保健员应当具有高中毕业程度，并受过幼儿保健培训。

（四）保育员应当具有初中毕业程度，并受过幼儿保育职业培训。

慢性传染病、精神病患者，不得在幼儿园工作。

第十条　举办幼儿园的单位或者个人必须具有进行保育、教育以及维修或扩建、改建幼儿园的园舍与设施的经费来源。

第十一条　国家实行幼儿园登记注册制度，未经登记注册，任何单位和个人不得举办幼儿园。

第十二条　城市幼儿园的举办、停办，由所在区、不设区的市的人民政府教育行政部门登记注册。

农村幼儿园的举办、停办，由所在乡、镇人民政府登记注册，并报县人民政府教育行政部门备案。

第三章　幼儿园的保育和教育工作

第十三条　幼儿园应当贯彻保育与教育相结合的原则，创设与幼儿的教育和发展相适应的和谐环境，引导幼儿个性的健康发展。

幼儿园应当保障幼儿的身体健康，培养幼儿的良好生活、卫生习惯；促进幼儿的智力发展；培养幼儿热爱祖国的情感以及良好的品德行为。

第十四条　幼儿园的招生、编班应当符合教育行政部门的规定。

第十五条　幼儿园应当使用全国通用的普通话。招收少数民族为主的幼儿园，可以使用本民族通用的语言。

第十六条　幼儿园应当以游戏为基本活动形式。

幼儿园可以根据本园的实际，安排和选择教育内容与方法，但不得进行违背幼儿教育规律、有损于幼儿身心健康的活动。

第十七条　严禁体罚和变相体罚幼儿。

第十八条　幼儿园应当建立卫生保健制度，防止发生食物中毒和传染病的流行。

第十九条　幼儿园应当建立安全防护制度，严禁在幼儿园内设置威胁幼儿安全的危险建筑物和设施，严禁使用有毒、有害物质制作教具、玩具。

第二十条　幼儿园发生食物中毒、传染病流行时，举办幼儿园的单位或者个人应当立即采取紧急救护措施，并及时报告当地教育行政部门或卫生行政部门。

第二十一条　幼儿园的园舍和设施有可能发生危险时，举办幼儿园的单位或个人应当采取措施，排除险情，防止事故发生。

第四章　幼儿园的行政事务

第二十二条　各级教育行政部门应当负责监督、评估和指导幼儿园的保育、教育工作，组织培训幼儿园的师资，审定、考核幼儿园教师的资格，并协助卫生行政部门检查和指导幼儿园的卫生保健工作，会同建设行政部门制定幼儿园园舍、设施的标准。

第二十三条　幼儿园园长负责幼儿园的工作。

幼儿园园长由举办幼儿园的单位或个人聘任，并向幼儿园的登记注册机关备案。

幼儿园的教师、医师、保健员、保育员和其他工作人员，由幼儿园园长聘任，也可由举办幼儿园的单位或个人聘任。

第二十四条　幼儿园可以依据本省、自治区、直辖市人民政府制定的收费标准，向幼儿家长收取保育费、教育费。

幼儿园应当加强财务管理，合理使用各项经费，任何单位和个人不得克扣、挪用幼儿园经费。

第二十五条　任何单位和个人，不得侵占和破坏幼儿园园舍和设施，不得在幼儿园周围设置有危险、有污染或影响幼儿园采光的建筑和设施，不得干扰幼儿园正常的工作秩序。

第五章　奖励与处罚

第二十六条　凡具备下列条件之一的单位或者个人，由教育行政部门和有关部门予以奖励：

（一）改善幼儿园的办园条件成绩显著的：

（二）保育、教育工作成绩显著的；

（三）幼儿园管理工作成绩显著的。

第二十七条　违反本条例，具有下列情形之一的幼儿园，由教育行政部门视情节轻重，给予限期整顿、停止招生、停止办园的行政处罚：

（一）未经登记注册，擅自招收幼儿的；

（二）园舍、设施不符合国家卫生标准、安全标准，妨害幼儿身体健康或者威胁幼儿生命安全的；

（三）教育内容和方法违背幼儿教育规律、损害幼儿身心健康的。

第二十八条　违反本条例，具有下列情形之一的单位或者个人，由教育行政部门对直接责任人员给予警告、罚款的行政处罚，或者由教育行政部门建议有关部门对责任人员给予行政处分：

（一）体罚或变相体罚幼儿的；

（二）使用有毒、有害物质制作教具、玩具的；

（三）克扣、挪用幼儿园经费的；

（四）侵占、破坏幼儿园园舍、设备的；

（五）干扰幼儿园正常工作秩序的；

（六）在幼儿园周围设置有危险、有污染或者影响幼儿园采光的建设和设施的。

前款所列情形，情节严重，构成犯罪的，由司法机关依法追究刑事责任。

第二十九条　当事人对行政处罚不服的，可以在接到处罚通知之日起十五日内，向作出处罚决定的机关的上一级机关申请复议，对复议决定不服的，可在接到复议决定之日起十五日内，向人民法院提起诉讼。当事人逾期不申请复议或者不向人民法院提起诉讼又不履行处罚决定的，由作出处罚决定的机关申请人民法院强制执行。

第六章　附则

第三十条　省、自治区、直辖市人民政府可根据本条例制定实施办法。

第三十一条　本条例由国家教育委员会解释。

第三十二条　本条例自一九九〇年二月一日起施行。

幼儿园工作规程
中华人民共和国国家教育委员会令（第25号）

第一章 总则

第一条 为了加强幼儿园的科学管理，提高保育和教育质量，依据《中华人民共和国教育法》制定本规程。

第二条 幼儿园是对三周岁以上学龄前幼儿实施保育和教育的机构，是基础教育的有机组成部分，是学校教育制度的基础阶段。

第三条 幼儿园的任务是:实行保育与教育相结合的原则,对幼儿实施体、智、德、美诸方面全面发展的教育，促进其身心和谐发展。

幼儿园同时为家长参加工作、学习提供便利条件。

第四条 幼儿园适龄幼儿为三周岁至六周岁（或七周岁）。

幼儿园一般为三年制，亦可设一年制或两年制的幼儿园。

第五条 幼儿园保育和教育的主要目标是：

促进幼儿身体正常发育和机能的协调发展，增强体质，培养良好的生活习惯、卫生习惯和参加体育活动的兴趣。

发展幼儿智力，培养正确运用感官和运用语言交往的基本能力，增进对环境的认识，培养有益的兴趣和求知欲望，培养初步的动手能力。

萌发幼儿爱家乡、爱祖国、爱集体、爱劳动、爱科学的情感，培养诚实、自信、好问、友爱、勇敢、爱护公物、克服困难、讲礼貌、守纪律等良好的品德行为和习惯，以及活泼、开朗的性格。

培养幼儿初步的感受美和表现美的情趣和能力。

第六条 尊重、爱护幼儿，严禁虐待、歧视、体罚和变相体罚、侮辱幼儿人格等损害幼儿身心健康的行为。

第七条 幼儿园可分为全日制、半日制、定时制、季节制和寄宿制等。上述形式可分别设置，也可混合设置。

第二章 幼儿入园和编班

第八条 幼儿园每年秋季招生。平时如有缺额，可随时补招。

幼儿园对烈士子女、家中无人照顾的残疾人子女和单亲子女等入园，应予以照顾。

第九条　企业、事业单位和机关、团体、部队设置的幼儿园，除招收本单位工作人员的子女外，有条件的应向社会开放，招收附近居民子女入园。

第十条　幼儿入园前，须按照卫生部门制定的卫生保健制度进行体格检查，合格者方可入园。

幼儿入园除进行体格检查外，严禁任何形式的考试或测查。

第十一条　幼儿园规模以有利于幼儿身心健康、便于管理为原则，不宜过大。

幼儿园每班幼儿人数一般为：小班（三至四周岁）二十五人，中班（四至五周岁）三十人，大班（五周岁至六或七周岁）三十五人，混合班三十人，学前幼儿班不超过四十人。

寄宿制幼儿园每班幼儿人数酌减。

幼儿园可按年龄分别编班，也可混合编班。

第三章　幼儿园的卫生保健

第十二条　幼儿园必须切实做好幼儿生理和心理卫生保健工作。

幼儿园应严格执行卫生部颁发的《托儿所、幼儿园卫生保健制度》以及其他有关卫生保健的法规、规章和制度。

第十三条　幼儿园应制定合理的幼儿一日生活作息制度。两餐间隔时间不得少于三小时半。幼儿户外活动时间在正常情况下，每天不得少于二小时，寄宿制幼儿园不得少于三小时，高寒、高温地区可酌情增减。

第十四条　幼儿园应建立幼儿健康检查制度和幼儿健康卡或档案。每年体检一次，每半年测身高、视力一次，每季度量体重一次，并对幼儿身体健康发展状况定期进行分析、评价。

应注意幼儿口腔卫生，保护视力。

第十五条　幼儿园应建立卫生消毒、病儿隔离制度，认真做好计划免疫和疾病防治工作。

幼儿园内严禁吸烟。

第十六条　幼儿园应建立房屋、设备、消防、交通等安全防护和检查制度；建立食品、药物等管理制度和幼儿接送制度，防止发生各种意外事故。

应加强对幼儿的安全教育。

第十七条　供给膳食的幼儿园应为幼儿提供合理膳食，编制营养平衡的幼儿食谱，定期计算和分析幼儿的进食量和营养素摄取量。

第十八条　幼儿园应保证供给幼儿饮水，为幼儿饮水提供便利条件。

要培养幼儿良好的大、小便习惯，不得限制幼儿便溺的次数、时间等。

第十九条　积极开展适合幼儿的体育活动，每日户外体育活动不得少于一小时。加强冬季锻炼。

要充分利用日光、空气、水等自然因素，以及本地自然环境，有计划地锻炼幼儿肌体，增强身体的适应和抵抗能力。

对体弱或有残疾的幼儿予以特殊照顾。

第二十条　幼儿园夏季要做好防暑降温工作，冬季要做好防寒保暖工作，防止中暑和冻伤。

第四章　幼儿园的教育

第二十一条　幼儿园教育工作的原则是：

体、智、德、美诸方面的教育应互相渗透，有机结合。

遵循幼儿身心发展的规律，符合幼儿的年龄特点，注重个体差异，因人施教，引导幼儿个体健康发展。

面向全体幼儿，热爱幼儿，坚持积极鼓励、启发诱导的正面教育。

合理地综合组织各方面的教育内容，并渗透于幼儿一日生活的各项活动中，充分发挥各种教育手段的交互作用。

创设与教育相适应的良好环境，为幼儿提供活动和表现能力的机会与条件。

以游戏为基本活动，寓教育于各项活动之中。

第二十二条　幼儿一日活动的组织应动静交替，注重幼儿的实践活动，保证幼儿愉快地、有益地自由活动。

第二十三条　幼儿园日常生活组织，要从实际出发，建立必要的合理的常规，坚持一贯性、一致性和灵活性的原则，培养幼儿的良好习惯和初步的生活自理能力。

第二十四条　幼儿园的教育活动应是有目的、有计划引导幼儿运动，活泼、主动活动的多种形式的教育过程。

教育活动的内容应根据教育目的、幼儿的实际水平和兴趣，以循序渐进为原则，有计划地选择和组织。

组织活动应根据不同的教育内容，充分利用周围环境的有利条件，积极发挥幼儿感官作用，灵活地运用集体或个别活动的形式，为幼儿提供充分活动的机会，注重活动的过程，促进每个幼儿在不同水平上得到发展。

第二十五条　游戏是对幼儿进行全面发展教育的重要形式。

应根据幼儿的年龄特点选择和指导游戏。

应因地制宜地为幼儿创设游戏条件（时间、空间、材料）。游戏材料应强调多功能和可变性。

应充分尊重幼儿选择游戏的意愿，鼓励幼儿制作玩具，根据幼儿的实际经验和兴趣，在游戏过程中给予适当指导，保持愉快的情绪，促进幼儿能力和个体的全面发展。

第二十六条　幼儿园的品德教育应以情感教育和培养良好行为习惯为主，注重潜移默化的影响，并贯穿于幼儿生活以及各项活动之中。

第二十七条　幼儿园应在各项活动的过程中，根据幼儿不同的心理发展水平，注重培养幼儿良好的个性心理品质，尤应注意根据幼儿个体差异，研究有效的活动形式和方法，不要强求一律。

第二十八条　幼儿园应当使用全国通用的普通话。招收少数民族幼儿为主的幼儿园，可使用当地少数民族通用的语言。

第二十九条　幼儿园和小学应密切联系，互相配合，注意两个阶段教育的相互衔接。

第五章　幼儿园的园舍、设备

第三十条　幼儿园应设活动室、儿童厕所、盥洗室、保健室、办公用房和厨房。有条件的幼儿园可单独设音乐室、游戏室、体育活动室和家长接待室等。

寄宿制幼儿园应设寝室、隔离室、浴室、洗衣间和教职工值班室等。

第三十一条　幼儿园应有与其规模相适应的户外活动场地，配备必要的游戏和体育活动设施，并创造条件开辟沙地、动物饲养角和种植园地。

应根据幼儿园特点，绿化、美化园地。

第三十二条　幼儿园应配备适合幼儿特点的桌椅、玩具架、盥洗卫生用具，以及必要的教具、玩具、图书和乐器等。

寄宿制幼儿园应配备儿童单人床。

幼儿园的教具、玩具应有教育意义并符合安全、卫生的要求。

幼儿园应因地制宜，就地取材，自制教具、玩具。

第三十三条　幼儿园建筑规划面积定额、建筑设计要求和教具、玩具的配备，参照国家有关部门的规定执行。

第六章 幼儿园的工作人员

第三十四条 幼儿园按照编制标准设园长、副园长、教师、保育员、医务人员、事务人员、炊事员和其他工作人员。

各省、自治区、直辖市教育行政部门可会同有关部门参照国家教育委员会和原劳动人事部制定的《全日制、寄宿制幼儿园编制标准》，制定具体规定。

第三十五条 幼儿园工作人员应拥护党的基本路线，热爱幼儿教育事业，爱护幼儿，努力学习专业知识和技能，提高文化和专业水平，品德良好，为人师表，忠于职责，身体健康。

第三十六条 幼儿园园长除符合本规程第三十五条要求外，应具备幼儿师范学校（包括职业学校幼儿教育专业）毕业及其以上学历。

幼儿园园长还应有一定的教育工作经验和组织管理能力，并获得幼儿园园长岗位培训合格证书。

幼儿园园长由举办者任命或聘任。非地方人民政府设置的幼儿园园长应报当地教育行政部门备案。

幼儿园园长负责幼儿园的全面工作，其主要职责如下：

（一）贯彻执行国家的有关法律、法规、方针、政策和上级主管部门的规定；

（二）领导教育、卫生保健、安全保卫工作；

（三）负责建立并组织执行各项规章制度；

（四）负责聘任、调配工作人员。指导、检查和评估教师以及其他工作人员的工作，并给予奖惩；

（五）负责工作人员的思想工作，组织文化、业务学习，并为他们的政治和文化、业务进修创造必要的条件；

关心和逐步改善工作人员的生活、工作条件，维护他们的合法权益；

（六）组织管理园舍、设备和经费；

（七）组织和指导家长工作；

（八）负责与社区的联系和合作。

第三十七条 幼儿园教师必须具有《教师资格条例》规定的幼儿园教师资格，并符合本规程第三十五条规定。

幼儿园教师实行聘任制。

幼儿园教师对本班工作全面负责，其主要职责如下：

（一）观察了解幼儿，依据国家规定的幼儿园课程标准，结合本班幼儿的具体情况，制订和执行教育工作计划，完成教育任务；

（二）严格执行幼儿园安全、卫生保健制度，指导并配合保育员管理本班幼儿生活和做好卫生保健工作；

（三）与家长保持经常联系，了解幼儿家庭的教育环境，商讨符合幼儿特点的教育措施，共同配合完成教育任务；

（四）参加业务学习和幼儿教育研究活动；

（五）定期向园长汇报，接受其检查和指导。

第三十八条　幼儿园保育员除符合本规程第三十五条规定外，还应具备初中毕业以上学历，并受过幼儿保育职业培训。

幼儿园保育员的主要职责如下：

（一）负责本班房舍、设备、环境的清洁卫生工作；

（二）在教师指导下，管理幼儿生活，并配合本班教师组织教育活动；

（三）在医务人员和本班教师指导下，严格执行幼儿园安全、卫生保健制度；

（四）妥善保管幼儿衣物和本班的设备、用具。

第三十九条　幼儿园医务人员除符合本规程第三十五条规定外，医师应按国家有关规定和程序取得医师资格；医士和护士应当具备中等卫生学校毕业学历，或取得卫生行政部门的资格认可；保健员应当具备高中毕业学历，并受过幼儿保健职业培训。

幼儿园医务人员对全园幼儿身体健康负责，其主要职责如下：

（一）协助园长组织实施有关卫生保健方面的法规、规章和制度，并监督执行；

（二）负责指导调配幼儿膳食，检查食品、饮水和环境卫生；

（三）密切与当地卫生保健机构的联系，及时做好计划免疫和疾病防治等工作；

（四）向全国工作人员和家长宣传幼儿卫生保健等常识；

（五）妥善管理医疗器械、消毒用具和药品。

第四十条　幼儿园其他工作人员的资格和职责，参照政府的有关规定执行。

第四十一条　对认真履行职责、成绩优良者，应按有关规定给予奖励。

对不履行职责者，应给予批评教育；情节严重的，应给予行政处分；构成犯罪的，由司法机关依法追究刑事责任。

第七章　幼儿园的经费

第四十二条　幼儿园的经费由举办者依法筹措，保障有必备的办园资金和稳定的经费来源。

第四十三条　幼儿园收费按省、自治区、直辖市或地（市）级教育行政部门会同有关部门制定的收费项目、标准和办法执行。

幼儿园不得以培养幼儿某种专项技能为由，另外收取费用；亦不得以幼儿表演为手段，进行以营利为目的的活动。

第四十四条　省、自治区、直辖市或地（市）级教育行政部门应会同有关部门制定各类幼儿园经费管理办法。

幼儿园的经费应按规定的使用范围合理开支，坚持专款专用，不得挪作他用。

第四十五条　任何组织和个人举办幼儿园不得以营利为目的。举办者筹措的经费，应保证保育和教育的需要，有一定比例用于改善办园条件，并可提留一定比例的幼儿园基金。

第四十六条　幼儿膳食费应实行民主管理制度，保证全部用于幼儿膳食，每月向家长公布账目。

第四十七条　幼儿园应建立经费预算和决算审核制度，严格执行有关财务制度，经费预算和决算应提交园务委员会或教职工大会审议，并接受财务和审计部门的监督检查。

第八章　幼儿园、家庭和社区

第四十八条　幼儿园应主动与幼儿家庭配合，帮助家长创设良好的家庭教育环境，向家长宣传科学保育、教育幼儿的知识，共同担负教育幼儿的任务。

第四十九条　应建立幼儿园与家长联系的制度。

幼儿园可采取多种形式，指导家长正确了解幼儿园保育和教育的内容、方法，定期召开家长会议，并接待家长的来访和咨询。

幼儿园应认真分析、吸收家长对幼儿园教育与管理工作的意见与建议。

幼儿园可实行对家长开放日的制度。

第五十条　幼儿园应成立家长委员会。

家长委员会的主要任务是：帮助家长了解幼儿园工作计划和要求，协助幼儿园工作；反映家长对幼儿园工作的意见和建议；协助幼儿园组织交流家庭教育的经验。

家长委员会在幼儿园园长指导下工作。

第五十一条　幼儿园应密切同社区的联系与合作。宣传幼儿教育的知识，支持社区开展有益的文化教育活动，争取社区支持和参与幼儿园建设。

第九章　幼儿园的管理

第五十二条　幼儿园实行园长负责制，园长在举办者和教育行政部门领导下，依据本规程负责领导全园工作。

幼儿园可建立园务委员会。园务委员会由保教、医务、财会等人员的代表以及家长的代表组成。园长任园务委员会主任。

园长定期召开园务会议（遇重大问题可临时召集），对全园工作计划，工作总结，人员奖惩，财务预算和决算方案，规章制度的建立、修改、废除，以及其他涉及全园工作的重要问题进行审议。

不设园务委员会的幼儿园，上述重大事项由园长召集全体教职工会议商议。

第五十三条　幼儿园应建立教职工大会制度，或以教师为主体的教职工代表会议制度，加强民主管理和监督。

第五十四条　党在幼儿园的基层组织要发挥政治核心作用。园长要充分发挥共青团、工会等其他组织在幼儿园工作中的作用。

第五十五条　幼儿园应制订年度工作计划，定期部署、总结和报告工作。每学年末应向行政主管部门和教育行政部门报告工作，必要时随时报告。

第五十六条　幼儿园应接受上级教育督导人员的检查、监督和指导。要根据督导的内容和要求，切实报告工作，反映情况。

第五十七条　幼儿园应建立教育研究、业务档案、财务管理、园务会议、人员奖惩、安全管理以及与家庭、小学联系等制度。

幼儿园应建立工作人员名册、幼儿名册和其他统计表册，每年向教育行政部门报送统计表。

第五十八条　幼儿园在当地小学寒、暑假期间，以不影响家长工作为原则，工作人员可轮流休假，具体办法由举办者自定。

第十章　附则

第五十九条　本规程适用于城乡各类幼儿园。

第六十条　各省、自治区、直辖市教育行政部门可根据本规程，制定具体实施办法。

各省、自治区、直辖市教育行政部门，可根据本规程对不同地区、不同类别的幼儿园分别提出不同要求，分期分批地有步骤地组织实施。亦可制定本地区不同类型幼儿园的工作规程。

第六十一条　本规程由国家教育委员会负责解释。

第六十二条　本规程自一九九六年六月一日起施行。一九八九年六月五日国家教育委员会第二号令发布的《幼儿园工作规程（试行）》同时废止。

关于印发北京市托幼园所分级分类验收标准及细则的通知
京教学前〔2000〕005号

各区县文教办、教委、教育局、卫生局：

为适应新时期幼教改革与发展的需要，我们组织有关专家对《北京市托幼园所分级分类验收标准及细则（试行）》（以下简称《标准》）进行了修订。现将修订后的《标准》印发给你们，请组织有关人员认真学习。从2000年9月起，全市托幼园所分级分类验收和年度考核工作正式使用新《标准》，原北京市人民政府文教办、北京市教育局、北京市卫生局1994年2月颁发的《标准》同时废止。

二〇〇〇年六月二十七日

托幼园所分级验收标准细则

一级指标		二级指标		三级指标		级别标准和分值		
内容	权重	内容	权重	内容	权重	一级（5分）	二级（4分）	三级（3分）
A–1 办园方向	0.2	B–1 办园宗旨	0.4	C–1 依法办园	0.5	坚持依法办园，认真执行国家和地方的有关法律、法规和规章	同一级	同一级
				C–2 办园目标	0.5	办园目标明确，切合本园实际	办园目标比较明确	办园目标基本明确
		B–2 双重任务	0.6	C–3 明确教育任务	0.5	贯初国家教育方针，对幼儿实施体、智、德、美全面发展教育，促进其身心和谐发展，并能充分体现在各项工作中	贯彻国家教育方针，对幼儿实施体、智、德、美全面发展教育，促进其身心和谐发展，在工作中体现得较好	贯彻国家教育方针，对幼儿实施体、智、德、美全面发展教育，并在工作中有所体现
				C–4 为家长服务	0.5	为家长参加工作、学习提供便利条件。主动接受家长的监督，家长满意度高	比较注意为家长参加工作、学习提供便利条件。接受家长监督，家长满意度较高	有为家长服务的意识，有基本的便利家长的措施
A–2 物质条件	0.3	B–3 环境条件	0.5	C–5 环境要求	0.1	清洁、安全、无污染，无噪声影响	比较清洁、安全、无污染，无噪声影响	同二级
				C–6 占地面积	0.1	符合北京市托幼园所园舍规划面积定额较高标准	符合北京市托幼园所园舍规划面积定额一般标准	符合北京市托幼园所园舍规划面积定额基本标准
				C–7 绿化面积	0.1	符合北京市托幼园所绿地面积定额较高标准	符合北京市托幼园所绿地面积定额一般标准	符合北京市托幼园所绿地面积定额基本标准

续表

一级指标		二级指标		三级指标		级别标准和分值		
				C-8 美化绿化	0.1	美化绿化好，布局合理	美化绿化比较好，布局合理	注意绿化、美化，尚和谐、协调
				C-9 活动场地	0.2	安全、有序，便于幼儿活动、游戏。幼儿人均面积符合北京市托幼园所活动场地面积定额较高标准	安全、有序，便于幼儿活动、游戏。幼儿人均面积符合北京市托幼园所活动场地面积定额一般标准	无危险，能供幼儿活动、游戏。幼儿人均面积符合北京市托幼园所活动场地面积定额基本标准
				C-10 房舍建筑	0.1	房屋建筑科学、安全，使用合理，室内通风、向阳。建筑面积符合北京市托幼园所园舍规划面积定额较高标准	房屋建筑安全，比较科学，使用较合理，室内敞亮、通风。建筑面积符合北京市托幼园所园舍规划面积定额一般标准	房屋建筑安全，使用基本合理，室内光线较好。建筑面积符合北京市托幼园所园舍规划面积定额基本标准
				C-11 活动用房	0.2	幼儿活动及辅助用房安排合理。使用面积符合北京市托幼园所园舍规划面积定额较高标准	幼儿活动及辅助用房安排合理。使用面积符合北京市托幼园所园舍规划面积定额一般标准	幼儿活动及辅助用房安排比较合理。使用面积符合北京市托幼园所园舍规划面积定额基本标准
				C-12 办公及生活用房	0.1	符合北京市托幼园所园舍规划面积定额较高标准	符合北京市托幼园所园舍规划面积定额一般标准	符合北京市托幼园所园舍规划面积定额基本标准
		B-4 设备条件	0.5	C-13 室内设备	0.2	婴儿、幼儿生活、学习、卫生等设备齐全，符合要求。保健室、隔离室设备齐全、实用。有消毒设备、冰箱、冰柜、专用洗衣机和必要的大型炊事机械	婴儿、幼儿生活、学习、卫生等设备比较齐全，大部分符合要求。保健室、隔离室设备齐全、实用。有冰箱或冰柜、消毒设备、洗衣机	有必要的婴儿、幼儿生活、学习、卫生等设备，基本符合要求。保健室设备实用，有隔离室，有冰箱（冰柜）、洗衣机和消毒设备
				C-14 大型器械	0.2	园所依据幼儿年龄特点及发展需要配备各种体育活动、游戏活动器械。数量充足，功能齐全，安全适用，摆放合理	园所依据幼儿年龄特点及发展需要配备各种体育活动、游戏活动器械。数量比较充足，功能比较齐全。安全适用，摆放合理	园所依据幼儿年龄特点及发展需要配备各种体育活动、游戏活动器械。数量基本符合幼儿需要。安全适用，摆放合理
				C-15 玩教具	0.2	依据幼儿年龄特点及发展需要配备玩教具。玩教具种类齐全、数量充足，并有丰富的自制玩教具和物质材料，幼儿取放方便	依据幼儿年龄特点及发展需要配备玩教具，种类较多，数量比较充足，并有较丰富的自制玩教具和物质材料，幼儿取放较方便	依据幼儿年龄特点及发展需要配备玩教具。玩教具种类和数量基本满足要求，并有一定数量的自制玩教具和物质材料，幼儿取放较方便

续表

一级指标		二级指标		三级指标		级别标准和分值		
				C-16 图书资料	0.2	配备适合婴儿、幼儿阅读的书籍，人均5册以上。有丰富的专业书刊、图片、录音带、幻灯片等资料	配备适合婴儿、幼儿阅读的书籍，人均4册以上。有比较丰富的专业书刊、图片、录音带、幻灯片等资料	配备适合婴儿、幼儿阅读的书籍，人均3册以上。有一定数量的参考资料
				C-17 使用情况	0.2	各种大型器械、玩教具、图书资料能得到充分利用	同一级	同一级
A-3 人员编制	0.3	B-5 人员编制	0.5	C-18 园长	0.1	有专职园长、业务副园长（或保教主任）各1人	同一级	有专职园长
				C-19 教师	0.1	每班配备教师2名	同一级	同一级
				C-20 保育员	0.1	日托园每班配备保育员1名。寄宿园每班配备保育员2 ~ 2.5名	日托园每班配备保育员1名	同一级
				C-21 保健医	0.1	日托儿童100 ~ 150名或寄宿儿童50 ~ 100名，设专职儿童保健医师1 ~ 2名。每增加100名儿童增设专职儿童保健医师1名	同一级	同一级
				C-22 炊事员	0.1	每40 ~ 50名儿童配备事员1名	同一级	同一级
				C-23 财会人员	0.1	有专职会计1人，兼职出纳1人	有专职或兼职会计、出纳各1人	同二级
				C-24 教职工与幼儿比例	0.2	日托：3岁以上1∶5.5 ~ 1∶6；3岁以下1∶4 ~ 1∶5。 寄宿：3岁以上1∶3.5 ~ 1∶4；3岁以下1∶3 ~ 1∶3.5	同一级	同一级
				C-25 班平均幼儿数	0.2	日托:3岁以下:15 ~ 25人；小班：25人；中班：30人；大班：35人。 寄宿:3岁以下:15 ~ 20人；小班：20人；中班：25人；大班：30人	同一级	同一级
		B-6 任职资格	0.5	C-26 园长及业务园长	0.2	获得幼儿园园长岗位培训合格证书。具备幼教大专以上学历。有幼教5年以上工作经历。具有小学高级教师职称。有较强的组织管理能力	获得幼儿园园长岗位培训合格证书。具备幼教中专以上学历。有幼教5年以上工作经历。具有小学一级教师职称。有一定的组织管理能力	同二级

续表

一级指标		二级指标		三级指标		级别标准和分值		
				C-27 教师	0.2	100% 获得教师资格证书，100% 具备幼教中专学历，其中 40% 以上达到幼教大专以上学历。市、区县骨干教师占一定比例	100% 获得教师资格证书，其中 95% 具备幼教中专学历，20% 以上达到幼教大专以上学历	同二级
				C-28 保育员	0.2	完成 9 年义务教育，并取得毕业证书。100% 受过幼儿保育职业培训，取得培训合格证书	完成 9 年义务教育，并取得毕业证书。90% 受过幼儿保育职业培训，取得培训合格证书	完成 9 年义务教育，并取得毕业证书。80% 受过幼儿保育职业培训，取得培训合格证书
				C-29 保健员	0.2	专职保健人员具有中等医学专业以上学历，并取得卫生行政部门认可的资格证书	同一级	同一级
				C-30 炊事员	0.1	100% 有健康合格证及培训合格证书，并有基本的专业知识和技能	100% 有健康合格证及培训证，并有一定的专业知识和技能	100% 有健康合格证及培训证，并有粗浅的专业知识和技能
				C-31 财会人员	0.1	会计和出纳均有会计证	同一级	同一级
A-4 管理工作	0.2	B-7 组织制度队伍建设	0.3	C-32 组织建设	0.3	重视组织机构建设。机构健全、合理，职责明确，充分发挥管理职能作用	重视组织机构建设。机构比较合理，能够发挥管理职能作用	比较重视组织机构建设。机构基本合理，能发挥管理职能作用
				C-33 制度建设	0.3	重视制度建设。制度健全，内容全面，切合本园实际	重视制度建设。制度比较健全，内容全面，切合本园实际	重视制度建设。有比较切合本园实际的制度
A-3 人员编制	0.3	B-7 组织制度队伍建设	0.4	C-34 队伍建设	0.4	重视教职工队伍建设。教职工队伍整体素质高	比较重视教职工队伍建设。教职工队伍素质高	同二级
		B-8 管理过程与效果	0.7	C-35 计划总结	0.1	有体现办园目标和切合本园实际的全园、各部门计划，形成计划体系，措施具体，并能在各部门贯彻落实。有针对计划执行情况、结合实际工作的总结	有体现办园目标和切合本园实际的全园、各部门计划，措施具体，并能在各部门贯彻落实。有针对计划执行情况、比较结合实际工作的总结	全园、各部门计划能够体现本园实际，措施具体，并能在各部门贯彻落实。有工作总结
				C-36 指导工作	0.2	园长有计划、有目的地深入实际，检查、指导工作	园长比较有计划、有目的地深入实际，检查、指导工作	园长能够深入实际，检查、指导工作
				C-37 制度落实	0.2	切实落实各项规章、制度，工作有序，效率高	能够落实各项规章、制度，工作比较有序	同二级
				C-38 工作氛围	0.2	教职工团结协作，工作积极性高，心情舒畅。园风好	教职工团结协作，工作积极性比较高，心情舒畅。园风较好	同二级

续表

一级指标		二级指标		三级指标		级别标准和分值		
				C-39 办园效益	0.2	合理使用经费，办园效益好	经费使用比较合理，办园效益较好	经费使用比较合理，办园效益一般
				C-40 安全	0.1	重视安全工作，安全措施有效。当年无责任事故和较大意外事故	比较重视安全工作，安全措施有效。当年无较大责任事故和重大意外事故	有安全意识，并有安全措施。当年无重大责任事故和严重意外事故

托幼园所分类验收标准细则

一级指标		二级指标		三级指标		级别标准和分值		
内容	权重	内容	权重	内容	权重	一级（5分）	二级（4分）	三级（3分）
A-1 保教工作	0.4	B-1 保教工作管理	0.3	C-1 教育观念	0.2	重视教育理论学习，树立正确的儿童观、教育观，并结合教育改革，指导教育实践	能够组织有关的教育理论习，树立正确的教育观念，在教育实践中有体现	能够组织有关的教育理论学习，注意更新教育观念
				C-2 常规管理	0.3	建立合理的保教工作管理常规，能严格执行	建立了保教工作管理常规，能够执行	建立了保教工作管理常规，基本执行
				C-3 保教工作评价	0.2	针对本园保教工作实际，制定明确具体的质量要求，不断促进工作水平的提高	对保教工作有质量要求，并贯彻执行	对保教工作有质量要求
				C-4 教研工作	0.3	教研工作能促进保教工作质量和教师业务水平的提高	教研工作对保教质量的提高有所促进	能够开展教研工作
		B-2 教育环境的创设与利用	0.2	C-5 精神环境	0.6	尊重、热爱每一个幼儿，师生间、幼儿间及成人间关系融洽，建立平等、民主、和谐的人际关系	教师教态和蔼，人际关系和谐，气氛较宽松	教师教态和蔼，气氛正常
				C-6 物质环境	0.4	创设与教育目标、教育内容相适应的良好教育环境，为幼儿提供充分活动的机会和条件，能因地制宜满足幼儿发展的需要，让幼儿成为环境的主人	创设的环境与教育目标、教育内容有一定的联系，注意为幼儿活动提供机会和条件	基本能为幼儿提供活动的机会与条件
		B-3 保教工作实践	0.5	C-7 观察儿童	0.3	观察、了解、尊重每个幼儿的特点、兴趣和需要，通过多种方式了解幼儿发展现状，根据幼儿发展水平，随时调整、改进教育工作，促进幼儿在原有水平上得到发展	观察、了解幼儿的特点，采取不同的教育对策，促进幼儿的发展	观察、了解幼儿，关注幼儿的发展
				C-8 教育计划	0.1	能根据教育目标和幼儿发展实际水平及幼儿兴趣需要，制订明确可行的保教工作计划	制订明确可行的保教工作计划	有具体可行的保教工作计划

续表

一级指标		二级指标		三级指标		级别标准和分值		
				C-9 一日生活	0.5	认真贯彻幼儿园保教工作各项原则，合理组织幼儿一日生活	基本能贯彻幼儿园保教工作各项原则	注意贯彻幼儿园保教工作各项原则
				C-10 家园共育	0.1	有目的、有计划地做好家园共育工作，积极主动与幼儿家庭配合，并取得成效	能采用多种形式和方法，做好家园共育工作	能够做家长工作
A-2 卫生保健	0.4	B-4 卫生保健管理	0.2	C-11 园所长	0.2	能充分发挥对卫生保健的领导作用	能较好发挥对卫生保健的领导作用	能发挥对卫生保健的领导作用
				C-12 保健人员	0.2	保健人员管理水平与业务素质高	保健人员具有较高的管理水平和业务素质	保健人员具有一定的管理水平与业务能力
				C-13 保健制度	0.1	保健制度健全，符合要求	保健制度健全，比较符合要求	保健制度基本符合要求
				C-14 计划总结	0.2	工作计划、总结符合要求	工作计划、总结比较符合要求	工作计划、总结基本符合要求
				C-15 卫生保健资料与分析	0.2	原始记录真实，各类分析统计方法正确，统计数据准确	原始记录真实，各类分析统计方法比较正确，统计数据比较准确	原始记录真实，各类分析统计方法基本正确，统计数据基本准确
				C-16 资料保存	0.1	资料保存完整，管理有序	资料保存完整，管理基本有序	资料保存基本完整，管理基本有序
		B-5 常规工作	0.35	C-17 健康检查	0.1	100% 儿童入园持有效体检表。儿童定期体检率达 98% 以上。100% 工作人员持有效健康证上岗		
				C-18 健康教育	0.05	健康教育工作有计划，目的性强，观点正确	健康教育工作基本符合要求，观点正确	能进行健康教育，观点正确
				C-19 疾病预防	0.05	根据季节、疫情预防投药，适时进行计刘免疫和计划外预防接种。计划免疫接种率为 100%	同一类。 计划免疫接种率为 99%	同一类。 计划免疫接种率为 98%
				C-20 五官保健	0.1	按“常规”要求开展儿童五官保健工作。龋齿矫治率高于年计划要求。视力不良矫治率达 100%	基本按“常规”要求开展儿童五官保健工作。龋齿矫治率达到年计划要求。视力不良矫治率达 90%	能开展儿童五官保健工作。龋齿矫治率基本达到年计划要求。视力不良矫治率达 85%
				C-21 体弱儿管理	0.1	按“常规”要求进行体弱儿管理	基本按“常规”要求进行体弱儿管理	能开展体弱儿管理工作
				C-22 体格锻炼	0.1	按“常规”要求开展体格锻炼。体质测试率达 95%	基本按“常规”要求开展体格锻炼。体质测试率达 90%	能开展体格锻炼。体质测试率达 85%

续表

一级指标		二级指标		三级指标		级别标准和分值		
				C–23 个人卫生	0.1	工作人员与儿童个人卫生符合要求。儿童有良好的生活、卫生习惯	同一类	个人卫生基本符合要求
				C–24 生活护理	0.1	儿童生活护理符合要求	同一类	儿童生活护理基本符合要求
				C–25 卫生消毒工作	0.1	儿童用品摆放符合卫生要求；消毒工作规范	儿童用品摆放和卫生消毒比较符合要求	儿童用品摆放和卫生消毒基本符合要求
				C–26 膳食管理	0.1	儿童膳食管理合理，方法正确	儿童膳食管理基本合理，方法正确	儿童膳食管理方法基本正确
				C–27 伙食等级	0.1	营养管理达一级标准	营养管理达二级标准	营养管理达三级标准
		B–6 食品卫生	0.25	C–28 许可证	0.1	有儿童伙食的单位必须持有有效的卫生许可证		
				C–29 伙房	0.2	环境整洁，设施完善，完全符合要求	环境整洁，设施完善，比较符合要求	环境比较整洁，设施比较完善，基本符合要求
				C–30 库房	0.1	食品库布局合理，设施完善	食品库房布局比较合理，设施比较完善	食品库房布局基本合理，设施基本完善
				C–31 消毒设施	0.1	消毒设施符合要求并能正常运转	消毒设施比较符合要求并能正常运转	消毒设施基本符合要求并能正常运转
				C–32 消毒质量	0.2	餐具消毒符合卫生要求，使用前无污染		
				C–33 食品卫生质量	0.2	食品卫生质量符合要求		
				C–34 食品从业人员	0.1	食品从业人员个人卫生符合要求		
		B–7 儿童健康指标	0.2	C–35 体格发育	0.2	体格发育增长率为100%；体格发育增长合格率 >90%	体格发育增长率为99%。体格发育增长合格率为 85% ~ 90%	体格发育增长率为 98%；体格发育增长合格率为 75% ~ 85%
				C–36 营养不良性疾病	0.2	缺铁性贫血患病率低于1%，营养不良患病率低于 1.5%	缺铁性贫血患病率为1% ~ <3%，营养不良患病率为 1.5% ~ 2%	缺铁性贫血患病率为 3% ~ 5%，营养不良患病率为 2% ~ 3%
				C–37 传染病	0.2	传染病无爆发，无消化道传染病，传染病发病率低于 5%	传染病无爆发，传染病发病率为 5% ~ 10%	传染病无爆发，传染病发病率为 10% ~ 15%

续表

一级指标		二级指标		三级指标		级别标准和分值		
				C–38 龋齿	0.1	新龋率 <25%	新龋率 25% ~ 35%	新龋率 35% ~ 40%
				C–39 视力不良	0.1	视力不良率低于本地区平均水平	视力不良率为本地区平均水平	视力不良率高于本地区平均水平（在 5 个百分点内）
				C–40 事故	0.2	严重事故发生率 <0.1/10 万小时		
A–3 儿童身心发展	0.2	B–8 儿童身心发展	1.0	C–41 身心发展	0.5	幼儿身心和谐发展，健康、活泼、善于交往，有较强的主体意识和自主能力；喜欢广泛，对各种活动感兴趣；有良好的行为习惯	幼儿身心和谐发展，有良好的行为习惯	幼儿发展良好
				C–42 儿童发展	0.5	幼儿身体、动作、认知、语言各方面的发展均达到本年龄阶段儿童发展水平	幼儿各方面的发展基本达到本年龄阶段儿童发展水平	同二类

托幼园所分级验收标准细则

C-1　1. 在区县教育行政部门登记注册。

2. 认真执行《中华人民共和国教育法》《中华人民共和国教师法》《中华人民共和国未成年人保护法》《中华人民共和国劳动法》《中华人民共和国食品卫生法》《幼儿园管理条例》《城市托儿所工作条例》《幼儿园工作规程》《北京市幼儿园教育纲要》《母婴保健法》《北京市实施〈母婴保健法〉办法》《托儿所、幼儿园卫生保健制度》《托儿所、幼儿园卫生保健管理办法》《北京市托儿所、幼儿园卫生保健管理实施细则》《北京市托儿所、幼儿园卫生保健工作常规》。

C-2　目标体现一定时期内的办园意图，思路明确，并能指导本园工作。

C-3　1. 幼儿园的办园实践应符合教育规律，符合幼儿身心发展规律。

2. 确立正确的教育观念，并努力将新的教育观念转化为教育行为。

3. 在工作中认真贯彻保教合一原则。

4. 促进幼儿主动发展，实现教育目标，全面提高幼儿素质。

C-4　1. 有为家长服务的意识和措施，满足家长的合理需求，服务类型多样化。如早送、晚接、临时寄宿等服务项目。

2. 保障家长参与幼儿园（所）管理的权益，能经常听取家长的意见和建议。

3. 家长满意率在 85% 以上。

C-6　占地面积：

一级：15 ~ 17 平方米 / 生（较高标准）
二级：14 ~ 15 平方米 / 生（一般标准）
三级：12 ~ 13 平方米 / 生（基本标准）
3 岁以下：10 ~ 12 平方米 / 生（托儿所基本标准）
详见《北京市幼儿园、托儿所办园、所条件标准》中幼儿园园舍规划面积定额标准及说明。

C-7 绿化用地：草地、花池（花坛）和树冠覆盖面积
一级：2.5 平方米 / 生（较高标准）
二级：2 平方米 / 生（一般标准）
三级：1.5 平方米 / 生（基本标准）
3 岁以下 1.5 平方米 / 生（托儿所基本标准）
详见《北京市幼儿园、托儿所办园、所条件标准》中幼儿园用地面积定额表。

C-8 主要指室外绿化布局合理，最大限度地为幼儿提供活动、游戏的场地，注意垂直绿化，做到三季有花、四季常青。因地制宜地为孩子种植多种树木，设置动物角、种植园地等。

C-9 活动场地：
一级：共用活动场地：2.5 平方米 / 生；分班活动场地：2.5 平方米 / 生（较高标准）。
二级：共用活动场地：2 平方米 / 生；分班活动场地：2 平方米 / 生（一般标准）。
三级：共用活动场地：1.5 平方米 / 生；分班活动场地：1.5 平方米 / 生（基本标准）。
详见《北京市幼儿园、托儿所办园、所条件标准（试行）》中幼儿园用地面积定额表。

C-10 房舍建筑面积：
一级：11.08 ~ 12.29 平方米 / 生（较高标准）
二级：9.38 ~ 10.32 平方米 / 生（一般标准）
三级：6.95 ~ 7.58 平方米 / 生（基本标准）
详见《北京市幼儿园、托儿所办园、所条件标准（试行）》中北京市幼儿园园舍规划面积定额标准表。

C-11 幼儿活动及辅助用房指：活动室、卧室、盥洗室、厕所、衣帽间或玩教

具储藏室、音体活动室等。

幼儿人均使用面积：

一级：5.11 ~ 5.56 平方米 / 生（较高标准）

二级：4.41 ~ 4.67 平方米 / 生（一般标准）

三级：3.36 ~ 3.49 平方米 / 生（基本标准）

详见《北京市幼儿园、托儿所办园、所条件标准》中北京市幼儿园园舍规划面积定额标准表。

C-12 办公及生活用房：指办公室、备课室、资料室、保健室、隔离室、贮藏室、厨房、成人厕所等。使用面积详见《北京市幼儿园、托儿所办园、所条件标准（试行）》中幼儿园园舍规划面积定额较高标准、一般标准、基本标准。

C-13 室内设备条件参照《北京市幼儿园、托儿所办园、所条件标准（试行）》中幼儿园办公家具设备配备标准。

保健室配备：

一般设备：桌椅、药品柜、保健资料柜、流动水或代用流动水设施、诊察床、污物桶。

体检设备：体重计（杠杆式）、灯光视力箱、身高坐高计（供 3 岁以上儿童使用）、卧式身长计（供 3 岁以下儿童使用）。

消毒设备：紫外线灯、常用消毒液。

常规医疗用品：常规医疗器械（镊子、剪刀、弯盘等）、听诊器、血压计、体温计、手电筒、压舌板、敷料、软皮尺、暖水袋、储缸、储槽。

常用药品：外用药、防治常见病的中西成药、急救药。

说明：根据园（所）实际情况配置电冰箱、高压消毒锅、针、氧气袋。

隔离室建立在远离健康班级处。应配备：

一般设备：儿童床、桌椅、盥洗用具（洗手盆、毛巾）、食具。

医疗用品：压舌板、体温表、听诊器、消毒液、手电筒。

其他设备：儿童玩具、书籍、成人隔离衣、脸盆、毛巾。

C-14 1. 应给幼儿配备练习走、跑、跳、钻、爬、投、平衡、攀登等基本动作的各种器械，适当考虑不同年龄班幼儿的需要。

2. 大型器械设备应安置在草地、沙地、土地上，或有其他防摔措施。其位置要为幼儿活动提供方便。

可参见《北京市幼儿园、托儿所办园、所条件标准（试行）》中有关幼儿园玩教具配备内容。一级为较高标准，二级为一般标准，三级为基本标准。

C-15 1. 玩具、材料每学期要更新、补充。

2. 参考《北京市幼儿园、托儿所办园、所条件标准（试行）》配备九大类玩具，即体育类，构造类，角色表演类，科学启蒙类，音乐类，美术类，图书、挂图与卡片类，电教类，劳动工具类。一级为较高标准，二级为一般标准，三级为基本标准。

C-16 儿童用书：图书的内容为幼儿所理解，主题明确，图形大，清晰，色彩鲜艳，适合各年龄班特点。图书每学期要更新、补充。

C-17 成人用书：国家及地方法规；自然科学、社会科学书籍；幼教理论书籍；各人员必备的参考资料、报纸杂志等。每年能够更新、补充。

C-18 ~ 25 参见《北京市幼儿园、托儿所办园、所条件标准（试行）》中北京市幼儿园教职工编制标准表及说明。在特殊情况下，幼儿班额可向上浮动，最多不超过 5 名。

C-26 其他相关专业须大学本科以上，经过幼教专业培训，可作为一级标准资格。

C-27 其他相关专业须大学本科以上，经过幼教专业培训，可计入幼教大专以上学历百分比之中。

C-28 保育员培训考核单位应是教育行政部门认定的培训机构。保育员培训合格证书应加盖培训机构公章。

C-29 保健员的培训、考核单位应为法定单位。发放上岗合格证的单位应为法定单位并盖有公章。证件项目填写齐全。人、证相符。

C-32 1. 幼儿园应设有：园务委员会；教职工大会（教职工代表大会）；教研组、保育员组、卫生保健组、总务组、班组、信息资料组；家长委员会、伙委会等。

2. 实行层次管理，管理渠道畅通。各岗位人员职责明确，各司其职，各负其责。

C–33 1. 岗位责任制；

2. 学习会议制度；

3. 卫生保健制度；

4. 教研制度；

5. 安全保卫制度；

6. 幼儿作息制度；

7. 财务管理制度；

8. 财产保管制度；

9. 考勤制度；

10. 奖惩制度；

11. 交接班制度；

12. 家长联系制度；

13. 业务档案制度；

14. 工作人员工作质量的评价考核制度；

15. 教育评价制度；

16. 幼儿发展情况的报告制度；

17. 资料借阅制度。除以上制度外，各园还可以根据本园需要建立其他制度。

C–34 1. 贯彻落实《北京市幼儿园教职工职业道德规范》，加强师德教育。全体教职工事业心、责任感强。

2. 能为教师学习、进修提供条件。完成当年的继续教育任务，注意在实际工作中提高教职工的能力。

C–35 计划包括全国学期（年度）计划、部门计划（教育教学计划、卫生保健计划、总务工作计划）、教研工作计划、班学期工作计划。计划应当重点突出，并体现层次性、连续性、可行性。

C–36 1. 园长应主动了解各部门的工作情况，解决实际问题。

2. 园长每周深入班级时间不少于 6 ~ 8 小时，重视指导的实际效果。

C–39 1. 勤俭办园。少花钱，多办事。

2. 经费使用最大限度满足幼儿发展需要，保证办园质量。

3. 年购置玩教具、图书所使用的经费应占全园（所）年经费总支出的 5% ~ 10%。

C–40 1. 有防火、防盗、防走失、防食物中毒等措施。

2. 有安全使用电器及电源的措施。

3. 有对消毒液、洗涤用品及儿童药品的管理措施。药袋上有幼儿的姓名、服用方法的说明。

4. 儿童玩具、教具安全、无毒。

5. 事故：指幼儿和成人的身心伤害及幼儿园的财产损失。

6. 较大事故：短期内不能治愈或对活动、工作有一定影响。

7. 重大事故：较长时间不能治愈或影响幼儿园局部工作。

8. 严重事故：造成死亡、终身残疾或影响幼儿园的正常工作。

9. 责任事故：违反规章制度造成的事故，渎职造成的事故，体罚或变相体罚幼儿造成的事故。

10. 意外事故：指责任事故以外的事故。

11. 当年：指自验收之日起往前推一年。

托幼园所分类验收标准细则

一、保教工作验收标准细则

C-1 重视教育理论学习，应做到时间落实、组织落实、内容落实，有专人负责,配备各种学习资料。注重理论联系实际,有实效。树立正确的儿童观、教育观：

1. 全体人员尊重、热爱、了解幼儿，尊重幼儿的人格、权利、年龄特点及个体差异，促进每个幼儿个性健康发展。

2. 树立整体教育观念，面向全体，促进幼儿体、智、德、美身心和谐发展。

3. 尊重幼儿主体性，有意识地培养幼儿的创新精神，促进幼儿生动、活泼、主动的发展。

4. 树立环境育人的意识，注重发挥环境和日常生活的教育功能。

C-2 合理的保教工作管理常规：

1. 幼儿一日生活常规应符合《北京市幼儿园教育纲要（试行）》（以下简称《纲要》）中的要求。

2. 保教人员工作常规应符合《幼儿园工作规程》中的要求。

3. 业务园长管理保教工作常规：对各班教育计划、记录进行批阅与指导；坚持深入班级指导保教工作（每周不少于 16 小时），注重在教育观念、教育能力及教育过程中指导保教工作；定期评价、总结保教工作；建立与管理保教人员业务档案；组织、指导幼儿园教科研工作。

C-3 根据本园保教工作实际，每学期有重点地进行质量评价，运用评价手段促进教师素质的提高和保教质量的提高。

C-4 1. 从本园保教工作实际出发，有针对性地开展教研工作，重点突出，措施得当。

2. 教研组及机构健全、制度健全，保证教研工作正常开展。

3. 园领导能充分调动全体教师参与教研的积极性，教师主体意识强。

4. 重视研究过程及实效，教研成果要体现在保教工作实践中。

C-5 教育环境要符合《纲要》中的要求。

C-6 教育环境要符合《纲要》中的要求。

C-7 能及时观察、了解幼儿发展情况，采取适宜的教育措施，或调整自己的教育行为。

C-8 明确可行的保教工作计划：

1. 保教工作计划能有效地指导保教工作实践。

2. 学期目标：由全园统一制定大、中、小班教育目标。

3. 教师根据本班幼儿发展水平及幼儿兴趣和需要制定月目标、周安排及日计划。

4. 在保教工作实践中，教师能根据幼儿实际发展水平及幼儿兴趣和需要及时调整计划。

C-9 1. 寓教育于一日生活之中。

2. 一日生活中体现保教合一。

3. 以游戏为基本活动。

4. 各项活动的组织与指导要符合幼儿的年龄特点及发展需要。

5. 注重幼儿身心和谐发展及良好行为习惯的养成。

6. 幼儿积极、主动、愉快地活动。

C-10 家园合作：

1. 积极主动与家长配合，共同教育好孩子。

2. 向家长宣传科学育儿的知识，帮助家长树立正确的儿童观。

3. 调动家长参与教育工作的积极性，采用多种方式做好家园共育工作。

4. 充分利用所在社区的教育资源，扩展教育空间，丰富并深化教育内容。

二、卫生保健工作细则

C-11 托幼园所领导充分发挥对卫生保健的领导作用：

1. 园长应明确自身对卫生保健负有领导责任。

2. 了解卫生保健部门对卫生保健的基本要求，协调好园内的保健工作。

3. 对园内卫生保健现状清楚。

C-12 保健人员熟知卫生保健管理要求，熟悉业务理论，能对常见疾病和外伤进行有效的处理，熟知保健设备的性能并能正确使用。儿童体检工作质量好。

C–13　根据北京市儿童保健工作常规的要求，结合本园实际，制定具体的卫生保健制度，可操作性强。

C–14　卫生保健工作计划总结符合要求：

1. 根据上级部门要求，针对本园卫生保健工作实际情况，制订学期或年度的工作计划并进行总结。

2. 工作计划应有明确的指导思想，措施得力、可行。工作总结应对计划完成情况、工作成绩、经验体会、存在问题进行总结。

3. 书写要求：简明、扼要，重点突出。

C–15　卫生保健有 14 个工作记录、一张儿童体检表和儿童出勤登记。所记录的原始资料真实、准确。卫生保健有 8 张统计表，统计方法正确，结果正确。

C–16　卫生保健资料要有连续性，一般保留 3 年。

C–17　儿童入园体检在卫生行政部门指定的医疗保健机构进行，持有效体检证明及健康档案入园。儿童定期体检必须执行北京市儿童体检的现行要求。检查次数、检查内容均要符合要求。体检率 = 体检人数 / 当月在册人数。工作人员持有效的健康证上岗。有效指：（1）体检单位应为法定单位。（2）发放单位应为法定单位并盖有公章。（3）未超过有效期（每年一次）。（4）项目填写齐全。（5）人、证相符。

C–18　围绕年计划工作重点，有计划开展健康教育，目的性强，观点正确。健康教育对象包括儿童、儿童家长、保教人员。

C–20　培养儿童良好的卫生习惯，采取有效的预防龋齿的措施。从各方面注意儿童的用眼卫生。保护儿童听力，避免噪声。

龋齿矫治率＝已矫治龋齿的儿童人数 ÷ 儿童患龋齿人数

视力不良矫治率＝已矫治视力不良人数 ÷ 视力不良人数（以年底统计为准）

C–21　保健人员对园内体弱儿情况清楚，管理措施正确。保教人员对本班体弱儿能给予合理的照顾。

C–22　坚持每天两小时的户外活动（含一小时的体育活动），活动量适度，儿童情绪高。每年开展一次儿童体质测试。

体质测试完成率 = 参加体质测试的儿童人数 / 当月在册儿童人数

C–24　保教人员在各个环节中（包括饮水、进餐、如厕、盥洗、睡眠、室外活动增减衣服等）对儿童进行精心地生活护理。

C–25　根据要求定期消毒，消毒方法正确。

C-26 儿童膳食管理要求：（1）儿童伙食要实行民主管理。由各类人员组成的伙委会每月研究一次儿童伙食，以改进工作。（2）制定膳食计划和符合计划要求的带量食谱。（3）建立严格的采购验收制度，建立出入库账目。（4）根据儿童人数定量做饭。（5）成人与儿童伙食账目及物品要严格分开，分灶做饭。（6）准时开饭。两餐间隔不少于 3.5 小时（午点不计在内）。（7）伙食费专款专用，全年伙食费赢亏不超过 2%。

C-27 一级标准：全年实行计划膳食，并达到合理膳食要求。

二级标准：实行计划膳食，每年有一次营养计算达到合理膳食要求。

三级标准：未实行计划膳食，只有花样膳食，伙食账目清楚。

C-28 具有有效的食品卫生许可证。有效指：发放单位是法定单位并盖有公章；未超过有效期；经营范围与实际相符；无涂改和转让、租赁情况。

C-29 伙房环境整洁，设施完善，杜绝交叉污染。（1）有固定、专用存放垃圾的容器。有盖，垃圾不能外溢和滴漏。（2）有防蝇、防鼠、灭蟑设备。操作间无苍蝇。（3）室内外存放物品整齐，室内地面无油污。墙壁无明显塌灰，玻璃百叶无泥垢。（4）盛放生熟食品容器有明显标记，做到生熟分开。（5）接触生熟食品的人员应分开，如为一人承担则必须在接触熟食品之前彻底清洁消毒双手。（6）加工熟食品所用的工（用）具分开，并有明显的标记。

C-30 库房整洁。库房内物品生熟分开，分类分架存放，做到隔墙离地，生熟食品分开储藏，不能在同一冰箱内存放。

C-31 消毒设施齐全［有餐具清洗池，有冲（漂）洗池，有消毒柜及消毒药液］；餐具清洗程序正确（去残渣、去油腻、冲洗、消毒、固定地方存放餐具）。

C-32 餐具消毒时，消毒的温度、药物的浓度、消毒的时间必须达规定要求。消毒后无再污染发生。

C-33 食品卫生质量符合要求。（1）食品进货必须索证（食品的检验合格证或化验单）。（2）定型包装食品和食品添加剂必须有产品说明书或商品标志，根据不同产品按规定标出品名、产地、厂名、生产日期、批号、规格、配方或主要成分、保质期限、食用或者使用方法等。

C-34 炊事人员要搞好个人卫生，不留长指甲，不得染指甲、戴手环、戴戒指，工作服整洁。上灶前、开饭前、便后要肥皂洗手，如厕前脱工作服，操作时不吸烟。

C-35 体格发育增长率 = 增长人数 ： 可比人数

体格发育增长合格率 = 增长合格人数 ÷ 可比人数

合格人数指：2 ~ 6 岁儿童每年身高增长 5 厘米，同时体重增长 1.6 千克以上者（肥胖儿除外）。

C-36 缺铁性贫血患病率 =（血红蛋白< 11g/d1 的人数）÷ 受检人数

营养不良患病率 =（0 ~ 6）岁营养不良的患病人数 ÷（0 ~ 6）岁受检人数。

C-37 传染病发生率 = 全年传染病病例数 ÷ 当年 9 月份在册人数。

C-38 新龋率（6 月份）= 新生龋齿的儿童人数 ÷ 可比人数。

C-39 视力不良率 = 视力≤ 0.8 的人数 ÷4 岁以上受检人数。

视力不良率的本地区水平以所在区（县）的上一年年报数据为准。

C-40 托幼机构事故的范围以登记册（九）首页的说明为准，严重事故为该范围内的窒息、溺水、触电、走失、失明、死亡、骨折、脑震荡、缝合 10 针以上的外伤等。

严重事故发生率 =〔（1 ~ 12 月）的严重事故例数 ÷（同期出勤总人数 ×9 小时）×100000〕÷100000 小时（其结果表示为儿童每在园生活 10 万小时发生严重事故的例数）

三、儿童发展水平验收标准细则

C-42 幼儿各方面发展评价，可参见《幼儿发展评价手册》。

儿童体质测试：一类幼儿园应达到合格率 90% 以上；二类幼儿园应达到合格率 85% 以上；三类幼儿园应达到合格率 80% 以上。

北京市学前教育条例
（2001 年 6 月 22 日北京市第十一届人民代表大会常务委员会第二十七次会议通过）

第一章 总则

第一条 为了促进和保障全市学前教育事业的发展，提高学前教育质量，根据《中华人民共和国教育法》《中华人民共和国未成年人保护法》以及有关法律、法规，结合全市实际情况，制定本条例。

第二条 本条例适用于全市行政区域内各种形式的学前教育。

本条例所称学前教育是指对学龄前儿童实施的教育。

本条例所称学前教育机构是指幼儿园、托儿所以及其他对学龄前儿童实施教育的机构。

第三条 学前教育是国家教育事业的组成部分。

开展学前教育应当贯彻国家的教育方针，对儿童实施体、智、德、美诸方面全面发展的教育，促进其身心健康与和谐发展。

学前教育应当遵循学龄前儿童的年龄特点和身心发展规律，实行保育与教育相结合，以游戏为基本活动形式，寓教育于生活及各项活动之中。

全市倡导和支持开展 3 周岁以下婴幼儿的早期教育。

第四条 发展学前教育事业是政府、社会、家庭、学前教育机构的共同责任。

全市积极发展以社区为依托，多种形式，面向全体学龄前儿童的学前教育。

全市举办学前教育机构以社会力量办学为主体，发挥政府举办的学前教育机构在提高教育质量方面的示范和引导作用。

第五条 全市扶持远郊经济不发达地区发展学前教育事业。

全市重视并扶持残疾儿童学前教育事业。残疾儿童的学前教育应当从婴幼儿开始，与康复、训练结合进行。

在少数民族聚居地区，扶持和发展适合少数民族特点和需要的学前教育事业。

第六条 全市采取措施鼓励社会组织和公民依法举办学前教育机构。

全市鼓励境内外组织和个人以捐资赠物等多种形式支持学前教育事业发展。

第七条 市和区、县人民政府对在学前教育事业中做出突出贡献的单位和个人，给予表彰和奖励。

第二章　学前教育责任

第八条　各级人民政府应当加强对学前教育的领导，综合协调学前教育事业的发展，将学前教育纳入本地区国民经济和社会发展计划。

区、县和乡、镇人民政府应当举办发挥示范作用的学前教育机构。

城镇街道办事处应当组织协调学前教育机构以及有关部门和社团，在社区内开展学前教育活动。

农村地区乡、镇人民政府应当因地制宜发展学前教育事业，采取多种形式保证辖区内学龄前儿童接受学前教育。

第九条　市教育行政部门主管全市行政区域内的学前教育工作，对学前教育进行统筹规划和管理。区、县教育行政部门负责本辖区内学前教育的管理工作，并对各类学前教育机构进行监督指导。

市和区、县人民政府其他有关部门应当在各自的职责范围内，负责有关学前教育的工作。

第十条　全社会都要关心、支持学前教育事业，为学龄前儿童的健康成长提供帮助。

各级妇联组织和居民委员会、村民委员会以及社区内的其他社会组织，应当协助当地人民政府为社区内未进入学前教育机构的儿童及其父母或者其他监护人以及从事家庭看护学龄前儿童的从业人员提供学前教育的指导与服务。

第十一条　父母或者其他监护人对学龄前儿童的教育负有首要责任，应当为儿童身心健康成长创造良好的家庭教育环境，学习科学的教育方法，与学前教育及其相关的机构互相配合，促进儿童全面发展。

第三章　学前教育机构和从业人员

第十二条　学前教育机构应当注重促进学龄前儿童身体素质和心理素质健康发展，养成良好的生活、卫生习惯；促进儿童的智力发展，培养儿童热爱祖国的情感以及良好的品德。

鼓励学前教育机构配合社区宣传保育、教育知识，支持社区开展学前教育活动。

第十三条　举办学前教育机构必须符合下列条件：

（一）办学地点安全，环境适宜；

（二）有与学前教育要求相适应并符合国家规定的安全、卫生标准的房舍、设施和设备；

（三）具备相应的举办资金；

（四）具有符合国家规定的任职资格和健康条件的工作人员。

第十四条 举办学前教育机构应当到所在区、县教育行政部门办理登记注册。农村边远地区举办学前教育机构可以到所在乡、镇人民政府办理登记注册，由乡、镇人民政府向区、县教育行政部门备案。

学前教育机构变更登记事项或者停办，应当提前3个月到原登记注册机关办理变更或者撤销手续。

第十五条 学前教育机构应当建立并严格执行安全防护、卫生保健制度，保障学龄前儿童的人身安全和健康。

学前教育机构的工作人员应当尊重、爱护学龄前儿童，严禁歧视、侮辱、虐待和体罚学龄前儿童。

第十六条 在学前教育机构中从事教育的人员，必须具有相关专业知识，并获得教育行政部门颁发的学前教育任职资格证书。在学前教育机构工作的其他人员，必须具备国家和全市规定的从业资格。

第十七条 从事家庭看护学龄前儿童的从业人员，应当在所在社区接受有关保育与教育的知识及方法的培训，每年定期到卫生行政部门指定的医疗保健机构进行健康检查。

第四章 学前教育保障

第十八条 各级人民政府应当安排学前教育专项经费，主要用于开展有关的教育改革、评价、表彰、培训和扶助远郊经济不发达地区发展学前教育，任何组织和个人不得挪用、克扣。

第十九条 学前教育机构的收费实行成本核算制度。学前教育机构依据成本测算收费标准，经物价部门核准后执行。

第二十条 城市新建、改建居住区，应当按照市人民政府的有关规定和建设标准，规划建设配套的学前教育设施。

为居住区配套建设的学前教育设施必须用于发展学前教育事业。配套的学前教育设施竣工验收后，应当在3个月内交付区、县教育行政部门管理，由区、县教育行政部门商社区管理机构举办或者向社会公开招标举办学前教育机构，任何组织和个人不得擅自将学前教育设施挪作他用。

利用居住区的配套设施举办的学前教育机构应当为社区居民服务。任何组织和个人不得向使用配套设施的学前教育机构收取国家和全市规定以外的费用。

第二十一条　学前教育机构用水、用电，执行中小学校用水、用电缴费标准。新建、改建、扩建学前教育机构，应当按照中小学校建设减免费用的有关规定减免相关费用。

第二十二条　社会力量举办的学前教育机构在教研活动、人员培训、表彰奖励等方面，与政府举办的学前教育机构享受同等待遇。

社会力量举办的学前教育机构的工作人员在资格认定、职称评定、教育科研项目的申请、评优、科研成果鉴定等方面，与政府举办的学前教育机构的工作人员享有同等权利。

第二十三条　全市支持、鼓励和组织开展学前教育科学研究，促进教育质量提高。

推广新的学前教育的训练方案、教材等科研成果，应当经专家鉴定，并报市或者区、县教育行政部门备案。

第二十四条　全市积极发展面向学龄前儿童的广播、电影电视节目、图书报刊、音像制品、游戏软件以及教具和玩具，但其内容或者产品质量不得危害学龄前儿童的身心健康。

第五章　法律责任

第二十五条　对违反本条例的行为，法律、法规已有规定的，依照法律、法规的规定予以处理。

第二十六条　违反本条例第二十条第一款规定，未按照规划和建设标准配套建设学前教育设施的，由规划行政主管部门和土地行政主管部门依照全市有关规定予以处理。

第二十七条　违反本条例第二十条第二款规定，将配套学前教育设施擅自挪作他用的，由区、县教育行政部门收回被挪用的学前教育设施。

第二十八条　违反本条例第二十条第三款规定，向使用配套设施的学前教育机构收取国家和全市规定以外费用的，由教育行政部门或者有关主管部门责令退回所收费用，并对直接负责的主管人员和责任人员给予行政处分。

第六章　附则

第二十九条　全市行政区域内中外合作举办学前教育机构或者举办招收外籍人员子女的学前教育机构，按照国家及全市的有关规定办理。

第三十条　本条例自 2001 年 9 月 1 日起施行。

关于修订北京市示范幼儿园标准的通知
京教学前〔2004〕7号

各区县教委：

为了将北京市示范幼儿园切实办成高水平、高质量的优质园，使其真正发挥示范作用，成为首都学前教育的窗口，现结合本市的实际情况对《北京市示范幼儿园标准》（京教学前〔1999〕001号）进行修订。修改后的《北京市示范幼儿园标准》（以下简称新《标准》）在示范园的软、硬件建设方面提出了更高标准，力求在以人为本的科学、可持续发展观上起到示范作用，并从六个方面提出了保教质量和示范作用的要求，注重强调示范园工作的实效性，代表新时期幼儿教育改革与发展的方向。

各区县教委要将新《标准》发到辖区内市、区级示范幼儿园中，并组织幼儿园领导和教师认真学习新《标准》，依据新《标准》的要求进行自查，努力完善各项工作，积极争创北京市示范幼儿园。现将有关事项通知如下，请遵照执行。

一、新《标准》于2005年9月1日开始执行，凡于2005年申报北京市示范幼儿园的参评单位，将依据新《标准》进行评选。

二、依据新《标准》和市教委《关于进一步加强北京市示范幼儿园建设与管理的通知》（京教学前〔2003〕12号）精神，对2004年以前评定的北京市示范幼儿园进行考核管理，凡未达到新《标准》要求的，应尽快充实、调整，在2～3年内仍未达到新《标准》要求的，将取消其北京市示范幼儿园称号。

三、对2004年申报北京市示范幼儿园的参评单位，经视导评估符合原《标准》的，仍用原《标准》进行评选。

四、原《标准》于2005年8月30日废止。

二〇〇四年十一月二十四日

北京市示范幼儿园标准

一、办园规模

6个班以上，能招收三岁以下幼儿。按年龄分班，各年龄班的幼儿人数不超过《幼儿园工作规程》中规定的班额数，即小班25人，中班30人，大班35人，混合班30人，三岁以下班15人。

二、办园条件必须达到《北京市托幼园所分级分类验收标准及细则》中规定的一级标准，并在以下各项达到较高标准

（一）场地宽敞，有必备的房舍。占地面积生均 15 ~ 17 平方米；绿化面积生均 2.5 平方米；户外活动场地面积生均 5 平方米（含分班场地生均 2.5 平方米）；每班有宽敞、明亮、洁净的活动室，面积不小于 45 平方米（与睡眠室合用的应不小于 90 平方米）；寄宿制幼儿园应有独立寝室、隔离室和浴室，浴室面积不小于 20 平方米；根据教学需要有一定数量的专用活动室、家长阅览或等候室，并能有效利用。

（二）设施先进，能体现学前教育的发展水平。从本园教改和促进儿童发展的实际出发改善办园条件，提高经费与设备的使用效益；运用网站、摄影、投影等现代信息设备与技术为教师观察、记录研究幼儿一日生活服务，提高管理和教育工作的实效性；加强安全三维防护体系建设，做到监控、报警、对讲系统畅通，保障幼儿园安全。

（三）各类人员配备，符合《北京市幼儿园、托儿所办园所条件标准（试行）》要求。园长（含业务园长）应具有五年以上幼教工作经验，取得学前教育大专以上学历或相关专业本科以上学历，取得岗位培训合格证书，并具有小学高级职称；教师均取得资格证书，并有 80% 以上的教师达到大学专科以上学历（在读教师不在统计之内）；保育员须经全市相关专业培训机构进行专业培训考核，并获得合格证书；保健医应具有中等医学专业以上学历，并取得市卫生行政部门的资格认可；幼儿园其他工作人员及临时聘用人员条件均要符合国家和全市的法律、法规要求。

三、保教工作质量标准与示范作用

各项工作在达到《北京市托幼园所分级分类验收标准及细则》规定的一级一类标准的基础上做到以下要求：

（一）模范执行国家及全市有关学前教育的政策和法规，发挥依法办学的表率作用。园领导应掌握国家及全市有关政策规定，明确法人责任，与全体工作人员签订履行岗位职责协议书，切实维护幼儿园（所）、教职工和广大在园儿童的切身利益，并为在园儿童身心安全与健康提供充分保障，园内没有安全隐患；近三年来未发生重大安全事故。

（二）有正确的办园思想和科学、高效的管理措施。园领导有明确的管理思

路和策略，办园规划和目标明确，能够体现园所发展的前瞻性；能将幼儿园的基础建设与办园特色相结合，阶段实施计划切实可行；在办园模式、内部管理及保教工作等方面勇于探索和创新，能体现管理工作的规范化、科学化和专业化，管理效益和教育效益显著。

（三）高度重视教职工队伍建设，有效发挥师资队伍培养的基地作用。幼儿园人才培养目标明确，在教师培养、使用、输送、引进等方面有计划，有措施，实施效果好，形成各类人员梯队建设的发展格局；拥有一支适应时代发展、乐于接受先进教育理念、注重提高自身素质、师德高尚、积极肯干、善于反思的研究型教职工队伍，园内至少有 2 名以上在市、区有一定影响的骨干教师；能运用多种途径和方法对本地区的教师进行指导，每年有计划地深入到挂钩幼儿园进行具体指导，帮助教师尽快成长。

（四）认真执行国家和全市的课程要求，充分发挥保教示范作用。认真贯彻保育与教育相结合和以游戏为基本活动的原则，注重良好教育环境的创设与利用；积极探索幼儿主动探究学习和个性获得充分发展的途径和方法，出色地做好各项保教工作，为幼儿提供高质量的教育；至少与 1 所远郊区幼儿园建立“手拉手”的联系，每学年能利用 2 个月时间接纳 1 所郊区幼儿园的园长或教师来园挂职锻炼，帮助和带动其提高质量，并取得明显效果。

（五）认真致力于教科研工作，成为本地区教育研究的实验基地。能够结合当前教改的热点、难点问题，以及教师在教育教学活动中的困惑，确立本园研究课题，有计划地进行研究与实践；在做好园级课题的基础上，积极承担市、区两级课题，通过教科研活动切实解决本园教育工作实际问题，有效地推进保教质量和教师业务水平的提高；近三年来的研究成果在本区乃至全市有一定影响，并有推广和使用价值。

（六）努力建构开放式的学前教育体系，成为社区学前教育基地。重视家园合作教育，积极探索共同教育、共同办园的方法和途径，建立幼儿成长档案，科学指导家庭教育，并为家长提供优质的服务；能有效利用家长及社区中的教育资源为本园的教育教学服务；能充分发挥自身优势主动参与社区文化建设，通过板报、网络等形式为社区居民提供儿童早期教育咨询、科学育儿指导等服务，每学期不得少于 5 次；建立 0 ~ 6 岁社区散居儿童活动登记制度，利用多种形式为他们提供受教育的机会，使社区散居儿童受教育率达 90% 以上；团结、带动所在社区（办事处或乡、镇）的托幼园所，共同开展社区早期教育活动。

2008 年北京市幼儿园全面实施素质教育评价指标体系

一级指标	二级指标	三级指标	分值
一 发展规划 4 分	（一） 规划与 年度计划 （4 分）	1. 贯彻教育方针和素质教育要求，依据有关教育法律、法规和行政要求，结合本园实际，按照民主程序，制定发展规划，办园目标明确，思路清晰，体现体、智、德、美身心和谐全面发展的教育要求	2
		2. 年度计划阶段性目标清楚，工作重点突出，措施具体可行，操作性、可检性强；教职工知晓率高	2
二 队伍建设 38 分	（二） 干部队 伍建设 （16 分）	3. 根据编制要求和本园实际配备领导班子；领导班子成员符合任职条件	2
		4. 领导班子团结协作，职责明确，干部管理制度健全，实行民主管理和民主监督，做到园务公开，各项要求落实到位	3
		5. 园长依法办园，做到令行禁止；领导班子成员以身作则，廉洁勤政，注意提高自身业务素质和管理水平，关心教职工生活和心理健康，深入实际，指导工作，作风民主，教职工满意度高	5
		6. 有计划地培养青年干部和后备干部，取得实效	2
		7. 按规定标准配备保教人员和工作人员，各岗位人员具有规定学历、资格证书、岗位培训证书和健康合格证等	2
		8. 政治理论和业务学习紧密结合实际，有专人负责，有计划，有安排，做到时间、组织、内容三落实	2
	（三） 保教队 伍建设 （22 分）	9. 加强师德教育，落实幼儿园教职工职业道德规范要求，树立服务家长意识，立足本园实际，为家长提供合理有效的服务；树立正确儿童观、教育观，认真履行岗位职责，尊重、关心、热爱幼儿，无歧视、体罚、变相体罚和侮辱幼儿人格等现象；无品行不良和违法违纪问题	3
		10. 开展多种形式的园本培训，为教师学习进修提供条件，完成继续教育任务	2
		11. 教研、科研组织机构、制度健全，教研、科研活动落实，教研、科研成果体现在保教工作实践过程中，并促进保教人员整体素质的提高	2
		12. 注重青年教师和骨干教师的培养，有计划，有措施，有实效；骨干教师人数有所增加，水平有所提高	2
		13. 建立了教职工业务档案，每学期有重点地进行教育活动质量评价和业务考核	2
		14. 坚持保教并重、保教结合原则，建立符合上级要求、体现本园特点的保教制度，按规定标准编班，保教制度健全，管理规范	3
		15. 结合本园实际，根据幼儿成长发育的特点和规律，制订保教工作计划	2
		16. 坚持保教合一，以游戏为基本活动，科学、合理、有序地设计和安排幼儿一日生活的各项活动；幼儿一日生活安排符合幼儿年龄特点和身心发展需要，坚持一贯性、一致性和灵活性的原则	3
		17. 在保证安全的前提下，因地制宜，充分利用场地、玩具、图书、电教设备等，创设适合幼儿积极参与、沟通交流的活动环境，使幼儿成为活动的主人	3

续表

一级指标	二级指标	三级指标	分值
三 各项工作管理 43分	（四） 保教工作 （13分）	18. 在保教活动过程中，尊重幼儿的特点、兴趣和需要，面向全体，关注个性，因人施教，运用多种教育方法和手段，采用多种形式开展保教活动，以各种方式观察、了解幼儿的发展现状，并及时调整和改进	4
		19. 坚持安排幼儿每日 2 小时以上户外活动，活动适量，幼儿情绪饱满	2
		20. 建立家长委员会，听取家长的合理建议，积极改进工作；深入了解幼儿在家的表现，及时与家长沟通幼儿成长情况，相互配合，做好家园共育工作；向家长宣传科学育儿的常识，为家长提供服务，家长满意度高	3
		21. 发挥幼儿园教育资源优势，配合社区幼儿教育工作的需要，为社区幼儿早期教育提供服务	2
		22. 对幼儿在健康、语言、社会、科学、艺术等领域发展水平开展评价工作，评价指标明确，观察检测认真，原始记录真实，统计数据准确，方法妥当，资料完整	2
	（五） 卫生保健工作 （18分）	23. 依据有关文件要求，建立由园长领导的机构，全面负责卫生保健工作，岗位职责明确，卫生保健管理制度健全，保障措施具体，落实到位	2
		24. 园内设有专（兼）职保健人员，熟知卫生保健管理要求，认真履行岗位职责，对于配备的卫生保健设备器材能妥善管理和正确使用	2
		25. 依据有关要求，制订卫生保健工作计划，检查落实到位；有针对性地开展健康教育，培养幼儿良好生活卫生习惯	3
		26. 幼儿入园全部持有合法有效的体检表；按要求定期为幼儿体检，体检率达到 98% 以上；卫生保健资料保存完整，记录内容真实可信，分析统计方法正确，数字准确	2
		27. 根据季节变化和预防疫情要求，与卫生保健机构配合，做好计划免疫和疾病防治工作	1
		28. 落实“常规”要求，开展幼儿五官保健工作，龋齿矫治率、不良视力矫治率达到规定要求	1
		29. 幼儿用品摆放符合卫生要求，整齐有序；消毒工作规范认真；对幼儿生活各环节的护理符合要求，按“常规”对体质特殊幼儿加强管理；幼儿患病率低	2
		30. 食品进货渠道正规，卫生质量符合要求；食堂卫生许可证合格有效；食堂环境整洁，设施完善，餐具消毒符合要求，使用前无污染	3
		31. 幼儿伙食实行计划膳食，营养均衡合理，管理规范	2
	（六） 后勤工作 （8分）	32. 坚持后勤为幼儿保教工作服务的理念，后勤管理制度健全，落实到位	1
		33. 财务管理制度健全；各项经费使用合理，账目清楚，账物相符	2
		34. 严格执行有关收费规定，无乱收费现象	2
		35. 年经费总支出的 5% ~ 10% 用于购置教具、图书等	1
		36. 努力改善办园条件；园舍、设备管理规范，利用率高	2
	（七） 安全工作 （4分）	37. 执行有关安全工作规定，建立健全安全制度并认真落实到位；建立应急机制，执行有序有效	2
		38. 加强安全教育，督促检查到位；园内无安全隐患，无责任事故发生	2
四 发展绩效 15分	（八） 发展水平 （10分）	39. 幼儿的体、智、德、美身心和谐发展；幼儿体格发育增长率和增长合格率达规定标准，家长满意度高	4
		40. 无传染病暴发，无消化道传染病发生；传染病发生率、营养不良患病率、新龋齿率、视力不良率等都低于控制指标	3
		41. 园（所）规划确定的发展目标逐步实现，年度计划阶段性发展目标基本实现；教职工满意度高	3
	（九） 办园特色 （5分）	42. 在教育行政部门托幼园所分级分类验收工作中取得进展，年度考核达到标准	3
		43. 立足实际，挖掘潜力，发挥优势，努力创建办园特色，取得一定成效，得到家长、社会及有关部门认可	2

后　记

《北京市学前教育志稿》是编者在承担第二轮《北京教育志 · 学前教育篇》编写工作过程中形成的资料长编，是北京教育编纂委员会办公室主编的《北京教育志丛书（1991—2010）》之一。

本书资料主要来源包括《北京市教育委员会文件选编》（1996—2010卷）、《北京市普通教育年鉴》（1992—1996卷）、《北京教育年鉴》（1997—2011卷）、《北京教育档案文萃》、北京市教委统计资料以及市教委有关处室1991—2010年工作总结、调研报告等。

本书主要记述了北京市学前教育1991年到2010年的发展变化。分成园所管理、园所建设、保育和教育、幼儿、教职工五章，收录各类园所数量、办园标准、级类建设、保教工作等资料，反映20年中北京市幼儿园体制改革、保教质量提高、基本普及学前三年教育等发展变化。此外，考虑一些重要文件、重要文章资料在志书中引用的局限性以及这些资料的权威性，以附录方式加以收录。

鉴于资料收集整理存在缺项，编者对全局的把控能力有限，对史料考证不足，尽管竭尽全力仍会有纰漏和不妥之处，恳请读者赐教。

2018年11日